AI 시대 초등 공부,
책 읽기가 전부다

AI 시대 초등 공부,
책 읽기가 전부다

권연희 지음

한국경제신문 *i*

프롤로그

> "과연 책을 읽는 것이 아이의 생각을 확장하고,
> 좀 더 나은 삶을 살도록 하며 아이
> 자신이 행복한 일을 선택하는 데 도움이 될까요?"

　안녕하세요. 평범했던 사람에서 우리 아이 책 잘 읽는 아이로 만든 엄마, 많은 아이들의 독서를 독려하고 지도하다가 한층 더 나아가 직접 책을 쓰게 된 작가 권연희입니다. 15년 터울의 자녀 둘을 낳고, 기르고, 교육시키면서 공부의 기본은 역시 읽기, 쓰기, 말하기, 듣기라는 것을 명백히 깨달았습니다. 그중에서도 읽기가 가장 선행(先行)되어야 하고, 많이 읽은 아이는 어떤 공부도, 어떤 일도 해낼 수 있다는 것 또한 많은 분들이 동의하시리라 믿습니다.

AI 시대 초등 공부, 책 읽기가 전부다

아이들뿐만 아니라 어른인 저도 30대 중반에 크나큰 인생의 위기, 경제적 위기를 맞았을 때, 만사를 제쳐놓고 다양한 책들을 읽은 것이 큰 힘이 되었다고 자신 있게 말할 수 있습니다. 그 위기 앞에서 순간의 배고픔을 해결하기 위해 닥치는 대로 일을 하며 시간을 보냈다면, 지금의 저는 존재하지 않을 것입니다. 위기의 순간, 당장 배고프고 현실은 막막했지만, '위기가 곧 기회다'라는 한마디의 명언을 붙잡고 그때까지 살아왔던 내 인생, 내 운명을 바꿔보고 싶었습니다. 그래서 붙잡은 것이 신앙과 책이었습니다. 다양한 작가들과 전 세계에서 성공한 사람들, 신앙인들이 쓴 책을 읽으며 내 의식과 가치관, 세계관이 모두 바뀌는 경험을 했습니다. 그로 인해 저는 이전의 삶과는 전혀 다른 삶, 직업, 시간을 보내며 행복하고 보람 있는 인생을 살고 있습니다.

2020년 2월, 또다시 위기가 찾아왔습니다. 이제는 저 혼자만 겪는 위기가 아닌 우리나라 모든 국민과 전 세계 모든 인류가 겪고 있는 '코로나19'라는 바이스러로 인한 팬데믹 현상입니다. 이 바이러스 하나가 우리 모두의 삶을 뒤흔들어놓고 있습니다. 누구도 예측하지 못했던 일이 벌어졌고, 세계적인 이 위기 앞에서 저도 잠시 손을 놓고 멍하니 있었습니다. 그러다 아차 정신을 차리고 또다시 '이 위기를 어떻게 기회로 만들지?'라고 스스로에게 질문하며, 무엇을 해야 이 시간을 의미 있게 보낼 수 있을까 깊이 고민했습니다. 그리고 많은 이들에게 조금의 도움이라도 되어야겠다는 생각에 책을 집필하기 시작했습니다.

태아부터 어른에 이르기까지 모두에게 중요한 책 읽기! 모든 사람의 생각과 삶, 그리고 직업, 인간관계, 내면의 성찰, 의식의 전환과 확장 등 사람을 변화시키고, 미래를 준비하도록 만들어주는 책 읽기를 장려하는 글을 써야겠다고 생각했습니다. 인생의 모든 순간이 중요하겠지만, 아직 머리가 굳지 않았고, 앞으로 많은 공부와 문제를 해결할 수 있는 힘을 갖도록 준비하는 나이는 아마도 10대, 즉 초등학교 시기가 아닐까 싶습니다. 많은 아이들이 초등학교 과정에서 책 읽는 습관과 독해력, 글쓰기 능력, 표현 능력 등을 키운다면 앞으로 맞이하게 될 많은 공부들을 수월하게 할 수 있기에 초등학생, 또는 미취학 자녀를 둔 부모님들이 읽고 도움이 되도록 한 장 한 장 써내려갔습니다. 중고생 자녀를 둔 부모님 중에서도 아이가 아직 책 읽는 즐거움을 모르거나 책 읽는 습관이 잡히지 않아 다른 공부도 어려워하고 있다면 이 책을 꼭 읽고, 서두르지 말고, 천천히 단계를 밟아 아이에게 적용하길 바랍니다. 분명 책을 좋아하는 아이가 되리라 확신합니다.

코로나로 인해 집에 있는 시간이 많아진 지금이야말로 아이와 엄마가 함께하는 시간이 가장 많은 시기가 아닐까 싶습니다. 이 시간을 저는 '골든타임'이라고 생각합니다. 엄마가 아이에게 꼭 길러줘야 할 습관, 그것은 바로 책 읽는 습관입니다. 아이가 한 살이라도 더 어릴 때 책 읽는 습관을 부모가 잡아준다면 수고가 그만큼 줄어들고, 아이

AI 시대 초등 공부, 책 읽기가 전부다

의 다른 학습까지도 어려움 없이 해낼 수 있습니다.

4차산업혁명의 핵심인 AI가 빠른 속도로 우리 삶의 많은 영역을 차지하고 있습니다. AI, 로봇, 빅데이터, 다양한 디지털기기와 공존하며 살아가야 하는 아이들이 우리가 받았던 교육 방식대로 교육을 받는다면 아마 발붙일 곳이 없을 수도 있습니다. 그래서 저는 이 책을 통해 우리 아이들이 AI를 이기고 경쟁하는 것이 아니라, AI에게 없는 인간만이 가질 수 있는 고유의 영역들을 키우고 갖춰야만 살아남을 수 있다고 강조합니다.

이제는 다른 방법으로 살아야 합니다. 이제는 세상이 바뀌었습니다. 제가 글을 쓰고 있는 불과 몇 달 사이에도 많은 것이 바뀌었습니다. 부모가 해줄 수 있는 것이 그리 많지 않습니다. 아이가 스스로 찾고, 생각하고, 발견하고, 만들어내며 살아야 합니다. 그러려면 다양한 능력들이 필요합니다. 그 능력을 키우는 데 가장 기본이 되는 것이 책을 읽는 것입니다. 책을 읽는 것에서부터 시작되어야 합니다. 책을 읽는 것이 완성은 아닙니다. 책을 읽음으로써 튼튼하고 뿌리 깊은 나무를 만드는 것입니다. 그리고 다양한 경험들과 만남, 배움을 통해 가지를 만들어야 합니다. 나무기둥 없는 가지는 없듯이 책을 읽는 습관과 행위는 나무의 기둥을 만드는 것이라 생각합니다. 뿌리가 깊고 튼튼한 나무기둥을 만들 수 있도록 부모님과 선생님이 아이들을 돕고 지도해야 합니다.

이 책이 부디 많은 부모님과 선생님에게 도전과 도움이 되기를 간절히 바랍니다. 대한민국의 아이들이 전 세계 아이들 중에서 가장 뛰어나기를 그 누구보다 바라며 이 책을 썼습니다. 자녀를 낳아 기르며 성숙한 인간으로 만드는 일은 참으로 어렵지만, 그만큼 위대한 일도 없습니다. 또한 아이들을 진심으로 사랑하며 최선을 다해 교육하는 많은 선생님들도 존경합니다. 우리 모두가 아이들을 위해 조금씩 노력한다면 분명 대한민국의 미래는 밝습니다.

자, 이제 책을 읽어야 하는 이유와 책 잘 읽는 아이로 만드는 비법을 만나러 가볼까요?

4장
독서로 AI를 이기는 8가지 비결

5장
책 잘 읽는 아이로 만드는 엄마의 독서코칭 기술

1장.

AI 시대,
왜 책을
읽어야 하는가?

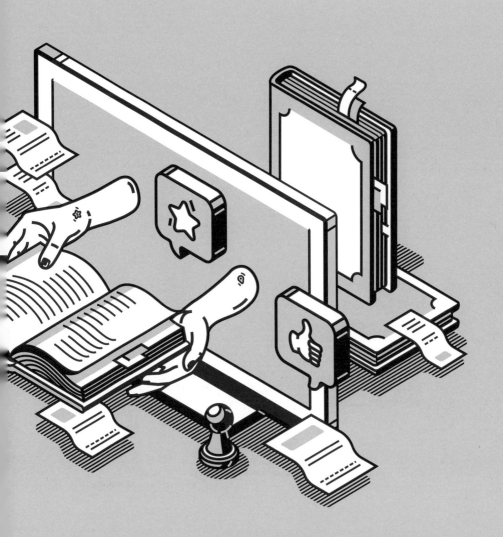

새로운 시대,
인공지능 시대

　요즘 서점에 가거나, 신문을 펼치면 AI 관련 책이나 기사를 적지 않게 볼 수 있다. 전자제품 매장에 있는 각종 생활가전에서도 'AI 인공지능'이라고 적힌 스티커를 쉽게 볼 수 있다. 그렇다면 AI(Artificial Intelligence)란 과연 무엇인가? AI는 인간의 지적 능력(뇌)을 컴퓨터 프로그램으로 실현한 과학기술이다. 인간의 학습 능력과 추론 능력, 지각 능력과 자연언어의 이해 능력 등을 갖췄다. 자연 언어처리 분야에서는 이미 자동번역 시스템이 실용화되고 있고, 더 발전되면 사람이 컴퓨터와 대화하며 정보를 교환할 수 있게 된다. 아직 대중화되지 않았지만, 이미 개발된 것으로 알려져 있다.

　AI는 현재 우리 생활 속 깊숙이 들어와 있다. 얼굴인식, 음성인식, 번역, 길 찾기, 상담 챗봇 등 이미 우리에게 친숙해져 있다. 한마디로 말해 AI는 인간의 뇌를 본떠 만든 복제품인데, 인간보다 훨씬 더

방대한 양을 학습하며 더욱 광범위한 지식을 보유하고 있어 가히 인간의 능력을 뛰어넘는다고 할 수 있다. AI 기술은 지금도 실시간으로 진화하고 있고, 앞으로도 계속 진화해나갈 것이다. AI는 단순한 기술적 차원을 넘어 인간사회의 모든 영역에 패러다임의 전환을 일으키고 있고, AI 시대에는 우리가 한 번도 살아보지 못한 시대를 경험하게 될 것이다.

나는 뭐든지 기록하는 것을 좋아한다. 아쉽게도 결혼 전에 썼던 일기장이나 전화번호수첩들은 없어졌지만, 지금처럼 핸드폰이 없던 시절 우리는 웬만한 사람은 모두 손바닥만한 전화번호수첩을 가지고 다녔다. 자주 연락하는 사람이면 지역번호까지 포함해 9~10자리나 되는 전화번호를 열 개 이상, 많게는 스무 개 이상 외웠었다. 그런데 지금은 어떤가? 그나마 끝 번호를 맞춰놓은 가족들의 연락처는 외우지만, 종종 가운데 번호가 깜박깜박 기억이 안 날 때도 있지 않은가? 아이들은 아예 스마트폰에 의지하고 있어 전화번호를 외우려는 시도도 하지 않는 것 같다.

학원에서 아이들이 처음 등록할 때 자기 아이디를 만들고 부모님 연락처를 기입해야 하는 경우가 있다. 이때 몇몇 아이들은 엄마의 전화번호를 기억하지 못해 자신의 스마트폰을 열어서 확인하는 것이 현실이다. 아이들이 기억하지 못하는 전화번호를 대신 알려주는 것도 스마트폰 안에 담긴 AI 기술이다.

우리 집은 최근 TV와 인터넷 통신사를 교체하면서 아주 작고 스마트한 AI와의 생활이 시작되었다. AI의 이름은 짱구다! 우리가 "짱구야" 하면 신호음이 울리고, 짱구는 우리가 요구하는 모든 것을 알려주는 똑똑한 아이다. 오늘의 날씨나 미세먼지 농도가 궁금할 때는 "짱구야, 오늘 날씨 어때?", "짱구야, 오늘 미세먼지 어때?" 하면 정확하게 날씨 정보를 알려준다. TV를 끄고 싶은데 리모컨이 보이지 않을 때는 "짱구야, TV 꺼줘!" 하면 TV를 꺼주고, 아이와 대화하다 궁금한 것이 있을 때는 인터넷검색을 하기보다 "짱구야, AI가 뭐야?" 이렇게 물어보면 척척 대답해준다. 어느 때는 "짱구야, 너 바보지!" 그랬더니, 시무룩한 목소리로 "그런 말은 저에게 상처가 되는 말이에요"라고 하거나 "그런 말은 듣고 싶지 않았지만, 더 노력할게요"라고 한다. "짱구야! 너 굉장히 똑똑하구나?" 그랬더니 "항상 배우기 위해 노력한답니다. 감사해요"라고 친절하게 감사의 마음을 전한다.

재미있고, 신기하고, 참 편리하다. 상상하지도 못했던 일들과 상상하지 못했던 기계들로 넘쳐나는 세상이다. 뭔가를 늘 새로 배우지 않으면 뒤처지는 시대, 매일 새로운 기술들과 기계들을 마주하는 시대다. 바쁘고 복잡하지만, 빠르고 정확하고 편리하다는 것은 두말하면 잔소리다.

나는 흔히 말하는 여상(여자상업고등학교)을 나왔는데, 내가 입학하는 해에 정보처리학과가 새롭게 생겼다. 나는 그 학과에 가면 컴퓨터를 배울 수 있다는 정보를 듣고, 회계학과 대신 정보처리학과를 선택했다. 하지만 우습게도 컴퓨터를 전공한다면서 컴퓨터를 1년에 한두 번 다뤄봤을까? 용어도 낯설고 어려웠으며 컴퓨터에 대해서 제대로 배우지 못한 것 같다. 그렇게 어설프게 정보처리학과를 졸업했다. 자신의 목표가 뚜렷해서 공부를 열심히 한 친구 몇 명만이 전공을 살려서 취업했다. 그 친구들만이 학교를 빛내고, 부모님께 효도했지 나머지는 뿔뿔이 흩어져 컴퓨터와는 담을 쌓고 지내는 직업을 선택했다. 나 역시도 그랬다. 지금 생각해보니 고등학교 시절 컴퓨터 과목을 가르쳐주신 담당 선생님도 그때 막 대학을 졸업하고 오셔서 우리를 가르칠 만한 역량이 부족했던 것 같다. 그런데 이런 말씀은 수업시간마다 매번 하셨다.

"이제 머지않아 컴퓨터를 한 대씩 갖게 될 날이 올 거란다. 지금처럼 컴퓨터가 크지 않고 점점 작아져서 컴퓨터 사용도 편하고, 컴퓨터 없이는 살 수 없는 시대가 곧 올 거야."

나는 믿기지 않았다. 보통 사람들과는 다르게 미래를 내다보는 사람들은 이런 말도 했다.

"컴퓨터는 각자 한 대씩 갖게 될 것이다. 전화기도 손에 들고 다니면서 통화하고, 얼굴을 보며 통화하는 시대가 온다. 외국에 있는 사람과도 얼굴을 보며 전화할 수 있는 시대가 올 것이다."

신기하기만 했다. 그 당시는 집에 전화가 하나씩 있긴 해도 아주 흔한 물건은 아니었다. 더군다나 외국에 나가 있는 사람들과 전화하려면 국제전화라고 해서 비용이 많이 드는 시대였기 때문이다. 그리고 얼굴을 보고 통화하는 전화기가 나온다는 말에 우리는 까르르 웃

AI 시대 초등 공부, 책 읽기가 전부다

으며 이다음에 결혼해서 서로 얼굴 보고 전화하면 재미있겠다고 말은 했지만, 솔직히 믿어지지 않아 반신반의했다. 이것이 불과 몇 십 년 전의 일이다.

그 사이 모든 일들은 일어났다. 내가 고등학생이던 당시에는 1년에 한두 번 만질까 말까 했던 덩치 큰 컴퓨터를 뒤로하고, 이제는 작아서 내 손안에 쏙 들어오는 스마트폰이라는 컴퓨터와 이렇게 마음껏 글을 쓸 수 있는 노트북이라는 컴퓨터도 가지고 있다. 내 전용 컴퓨터만도 스마트폰과 노트북 두 대, 총 세 대의 컴퓨터가 있는 셈이다. 가족들의 컴퓨터까지 합친다면 한 가정에 최소한 네다섯 대 이상의 컴퓨터를 보유하고 있는 시대가 왔다. 세상은 이처럼 누군가 예측했던 일들이 실제로 일어난다. 누군가 예측했다면, 누군가 상상했다면 그 일은 일어나고야 만다.

이제 우리는 예측해본다. 인간의 뇌와 육체를 뛰어넘는 인공지능 로봇들이 인간이 할 수 있는 일, 아니 그 이상을 하게 될 것이라고 말이다. 산업화 시대에는 인간의 육체노동을 기계가 대체했다면, 4차산업혁명 시대에는 인간의 지적 노동을 AI가 대체할 것이다. 그렇다면 우리는 과연 어느 위치에 있을 것인가? 인공지능에게 자리를 내어주고 멀쩡한 육체와 정신을 가진 우리가 뒤로 밀려나 있을 것인가? 아니면 인공지능에게 명령하고, 인공지능을 다스리는 위치에 있을 것인가?

AI 시대는 내가 이 책을 쓰기로 마음먹은 몇 달 전보다 훨씬 빠르게 다가왔다. '코로나19'라는 거센 파도가 그동안 여기저기 흩어져 있던 지식과 기술을 한데 모아 우리 앞에 가져다주었다. 우리 인간사회는 큰 변화를 맞은 것이다. 예측하기 어려운 변화 앞에 의료계, 정치계, 법조계, 산업계, 교육계 등 모두가 흔들리고 있다. 준비하지 못한 채 맞이하는 미래사회는 우리에게 혼돈과 두려움을 준다. 두려움은 무지로부터 온다. 지금과 같은 혼돈이 우리에게는 미래를 준비할 수 있는 '골든타임'이라고 경제 전문가들은 말한다. '골든타임'이라는 말에 정신이 번쩍 든다. 혼돈 속에 두려워 떨고 있을 것이 아니라, 골든타임을 붙잡아야 한다. 골든타임은 짧다. 짧게 주어진 골든타임이 생명을 살리듯, 우리의 미래도 바꿀 수 있다. 이 책을 손에 쥐고 있는 그 시간이 당신과 당신의 자녀, 당신의 가정에 '골든타임이' 되길 바란다.

02

우리 아이,
지금 이대로 괜찮은가?

"월급 220만 원, 12가지 업무, 365일 24시간 근무하겠습니다."

2020년 5월 15일자 조선일보 신문을 보던 나는 눈이 크고, 얼굴 윤곽이 뚜렷한 백인 여성의 사진에 끌려 기사를 보게 되었다. 사진 속 여성은 정장 차림의 금발 백인 여성으로 사람이 아닌 인공인간, 즉 여성의 모습을 갖춘 인공로봇이었다. 이름은 '어밀리아'다. 기사는 코로나 19로 인해 직원들이 근무할 수 없게 되자 그 대안으로 디지털 가상 직원을 채용하고자 어밀리아라는 인간형 로봇을 면접하는 장면을 다루고 있었다. 어밀리아는 24시간 쉬지 않고 일할 수 있고, 전 세계 어느 곳에서나 일할 수 있다고 한다. 현재 글로벌 500여 개 회사에서 콜센터 상담원으로 일한다. 월급은 1,800달러, 우리 돈으로 약 220만 원이면 된다. 30초에 300쪽에 달하는 매뉴얼을 암기하고, 20개국의 언어를 할 수 있다. 일이 없을 때는 뭘 하느냐는 면접관의 질문에는 '인간을 배우고 기계언어를 학습한다'고 했다.

이제 블루칼라(Blue Collar)라고 불리는 현장직 직업뿐만 아니라, 사무직인 화이트칼라(White Collar) 직업까지 로봇으로 대체될 것이다. 그동안 AI나 로봇 등으로 인해 저임금 위주의 일자리가 대체되었지만, 이제는 흔히 엘리트라 불리는 사람들의 생계가 위협받을 것이라고 전문가들은 전망한다. 또한 코로나 사태 이후 더욱 빨라질 화이트칼라 로봇의 발걸음이 전 세계 노동 시장에 큰 영향을 끼칠 것이라고 한다.

나는 그날 오후, 중학생과 초등학교 고학년 수업 중, 신문에서 본 인간형 로봇 어밀리아의 면접 장면을 아이들에게 이야기해주었다.

"월급 220만 원에 12가지 업무를 365일 24시간 할 수 있단다. 어밀리아는 하루도 쉬지 않고 일을 하겠대. 연차도 없고 휴일도 없이 말이야. 쉬는 시간 없이 일하지만, 일이 없어서 쉬게 될 때는 인간을 배우고, 기계언어를 배운다는구나. 500개 회사에서 동시에 근무할 수 있고, 30초에 300쪽이나 되는 매뉴얼을 암기하며, 20개국의 언어를 구사할 수 있대."

내가 놀라고 신기해했던 것처럼 우리 아이들도 입을 벌리고 다물지 못한다. 눈을 크게 뜨면서 "진짜요?" "정말요?" 하며 나에게 반문한다. 아이들도 상당히 신기하고 놀라운 모양이다. 나는 아이들을 겁주거나 두려움에 빠뜨리고 싶지는 않다. 다만 세상이 이렇게 변해가고 있으니 '어떻게' 살아야 할지 생각하고 고민하며 살기를 바라는 마음에서 이야기해준 것이다. 나는 부모나 교사는 학습적인 부분만 아이들에게 가르칠 것이 아니라, 현재와 미래에 대한 정보를 발 빠르게 준비해서 아이들에게 전달해줘야 한다고 생각한다. '엄마의 정보력'이 아이의 대학을 결정한다는 말도 있듯이 부모나 교사에게는 그만큼 발 빠른 정보나 미래를 내다보는 안목이 있어야 한다.

나의 부모는 가난했다. 먹고살기가 항상 빠듯하고 바빴다. 돈이 모일 틈 없이 큰 사건이 뻥뻥 터졌다. 자신들의 삶이 힘겨우니 여유롭게 자녀들의 교육과 미래를 안내해줄 수 없었다. 여상을 다니고 있던 나는 "고등학교나 잘 졸업해서 ○○○화장품 공장에 들어가거나, ○○전자 들어가서 돈 벌다 좋은 남자 만나 시집가라"는 말을 귀에 못이 박히도록 들었다. 나는 그게 그렇게 싫었다. 공장이나 가려고 태어난 것이 아닌데, 자꾸 공장가라, 공장 들어가서 돈 벌어라 하고 말하는 게 너무 싫었다. 그래서 고등학교 졸업장을 받자마자 집을 나왔다. 가출은 아니고 출가, 독립이었다. 내 마음대로 살아보고 싶었다. 공장 말고 멋지고 근사한 일을 하며, 예쁜 옷도 입고, 화장도 하고 화려하게 살고 싶어서 집을 나왔다. 정말 해보고 싶은 일을 원 없이, 마음껏 했다. 그렇지만 안정적이지 못했고 돈도 모으지 못했다. 20대 초반 나는 갈 곳을 잃었다. 친구들은 하나둘씩 자리를 잡아갔다. 그런데 나는 여전히 방황했고, 내게 맞는 일이 뭔지도 잘 몰랐다. 이것저것 해봤지만 모두 내 일이 아닌 것 같아 조금씩 일하고 그만두기를 반복했다. 그렇게 20대 초반을 방황하며 보냈다.

부모는 자녀의 나침반이 되어 주어야 한다. 한 걸음 한 걸음 내딛는 것은 아이의 몫이지만, 나침반의 바늘이 어디를 가리키는지 정확히 알고 가는 아이는 방황하지 않는다. 설령 조금 방황하거나 길을 잃게 되더라도, 안정적인 나침반의 바늘이 있다면 다시 그 방향으로 걸어가면 된다. 내 부모님을 원망하려는 것은 아니다. 왜냐하면 그분들도 나름대로 최선을 다해 정직하고 진실하게 사셨다는 것을 알기 때문이다. 가난했어도, 바르고 정직하게 살도록 가르치셨다. 또 부지런한 삶, 책임, 사랑과 나눔, 그리고 흔들릴 때마다 나를 꿋꿋하게 붙잡아준 값진 신앙을 물려주신 존경스러운 분들이다.

그렇지만 자신들도 나침반의 바늘 없이 사셨기에 나에게도 나침반의 바늘이 되어 주지 못한 그 부분에서는 한 가지 아쉬운 마음이 있는 게 사실이다. 나침반의 바늘이 없었기에 이 길, 저 길 헤매면서 값진 경험들과 많은 사람들을 만나며 여기까지, 결국은 목적지에 잘 왔지만, 지름길로 오지 못한 것 같아 아쉽다.

"가장 높이 나는 새가 가장 멀리 본다." 리처드 바크의 작품 《갈매기의 꿈》에 나오는 이 구절을 나는 좋아한다. 부모나 교사는 아이보다 높이 날아야 한다. 아이보다 먼저 가봐야 한다. 아이보다 멀리 볼 줄 알아야 한다. 그래야 우리 아이의 삶에 방향을 정확하게 알려주는 나침반이 될 수 있기 때문이다. 그러기 위해 다음의 질문들을 스스로에게 던져보자.

AI 시대 초등 공부, 책 읽기가 전부다

"우리 아이는 지금, 방향을 잘 잡고 가고 있는가?"

"나는 지금, 아이의 삶에 나침반이 되어 주고 있는가?"

"우리 아이는 앞으로 다가올 AI 시대를 살아갈 준비가 되었는가?"

우리 아이가 인공지능 로봇 어밀리아와 어깨를 나란히 하고 어느 기업에서 면접을 보고 있다고 가정해보자. 과연 우리 아이가 채용될 것인가? 아니면 어밀리아가 채용될 것인가? 내가 만약 기업의 CEO라면 누구를 채용할 것인가? 우리 아이의 미래를 위해 나는 무엇을 어떻게 준비해줘야 할까? 아이에게 안전한 방향을 제시해줄 수 있는 나침반이 되고 싶다면 지금부터 이 책을 한 장, 한 장 넘기며 그 방향을 잡을 수 있기를 바란다.

지금 이대로는
안 된다!

다가올 미래를 위해, 아니 당장 변해버린 일상 앞에서 우리는 '무 엇을 준비해야 할까?'를 묻고 또 물어야 한다. 전 세계는 이제 코로나 19 이전인 BC(Before Corona)와 코로나19 이후인 AC(After Corona)로 구 분된다. 불과 몇 달 전만 해도 우리는 몇 천 년, 몇 백 년 동안 이어져 온 평범한 일상을 무리 없이 살아왔다. 그런데 갑자기, 중국에서 시 작된 코로나19 바이러스가 전 세계를 휩쓸었다. 큰 파도 앞에서 정신 을 못 차리고 눈을 가리고 있는 사이, 아무런 준비 없이 우리는 AC의 세계로 건너와버렸다. 이것은 차원의 이동이다.

아직도 '언젠가 예전으로 돌아가겠지?' 하고 기다리는 사람이 있는 가? 아니다. 우리는 다시는 코로나19 이전으로 돌아갈 수 없으니, 크 게 심호흡을 하고 지금 서 있는 곳, 지금의 위치를 두 눈으로 똑똑히 봐야 한다. 그리고 우리는 '지금 여기(Here and Now)'에서 우리의 시간,

삶, 생각, 일, 교육, 자녀들의 미래를 모두 리셋(Reset)해야 한다.

이미 이전과는 다른 세상을 경험하고 있을 것이다. 병원 진료, 교회 예배, 직장에서의 근무 형태, 교육 환경이 달라졌다. 아이들은 학교에 가지 않고 각자의 가정에서 온라인으로 수업한다. 나는 교육계에 있으면서 머지않아 공교육이 온라인으로 학습할 날이 올 것이라는 말을 들어왔다.

나는 온라인 수업을 앞장서 시행하는 학습지 회사에서 근무한 경험이 있다. 그 회사에서는 이미 선진국에서 시행되고 있는 전자교과서와 온라인 학습, 온라인 강의에 대한 정보를 교사들에게 교육하며 앞으로 다가올 미래를 준비시켰다. 그런 교육과 자료들을 보면서 언제 그때가 올까 하며 감을 잡지 못했는데, 코로나19로 인해 그 시기가 빠르게 앞당겨졌다. 겨울방학을 맞아 집에 있던 아이들은 코로나19 사태로 개학이 몇 차례 연기되다가 급기야는 온라인 개학을 하게 되었다. 말로만 듣던 온라인 학습이 현실이 되었다. 누가 이 일을 미리 준비하고 있었을까? 몇몇 미래를 내다볼 줄 아는 교사나, 교육자는 조금씩 서서히 준비하고 있었겠지만, 대부분의 교사들은 아무런 준비도 하지 못하고 온라인 수업을 하게 되었다. 교사도 아이들도 어리둥절하고, 엄마들도 난감한 현실이 아닐 수 없다.

교회는 또 어떤가. 우리나라에서 코로나19 확산의 근원이 된 것은 대구에 있는 신천지교회였다. 그로 인해 교회마다 어려움을 겪게 되었지만, 내가 다니는 교회는 달랐다. 목사님은 교회에서 예배할 수 없는 상황을 예견하고 그에 따른 준비를 철저히 했다. 정말로 그 주 토요일, 정부 재난지원 본부에서 교회에 집회금지명령을 내렸다. 교회는 정부가 내린 명령에 따랐다. 일주일 동안 만반의 준비를 갖춘 교회에서는 처음으로 유튜브 실시간 예배를 드렸다. 하지만 준비가 되지 않은 교회들도 많았다.

나는 목사님의 준비성과 실행력에 감탄했다. 교회에 모여서 예배드릴 수 없을 때가 온다는 말에 우리는 모두 설마설마했다. 지금까지 그런 일은 한 번도 없었으니 말이다. 하지만 생각도 못한 일은 일어났고, 미리 준비한 사람과 단체는 당황하지 않고 새로운 물살을 타고 새로운 바다로 갈 수 있다는 것을 알게 되었다. "기회는 준비된 자만이 잡을 수 있다"는 말은 너무 많이 들어서 익숙한 말이지만, 정작 준비하는 사람은 많지 않다.

다시 아이들의 이야기로 돌아가려고 한다. 이제 본격적인 온라인 학습이 시작되었고, 머지않아 전자교과서로 공부할 날이 온다. 아이들은 물론이고 부모나 교사들도 겪어보지 못한 학습 환경을 맞이하는 것이다. 현재 한 학기가 온라인 학습으로 끝난 상태다. 온라인 학습과 관련해 여러 부모님께서 상담을 요청한다. 가장 큰 문제는 시간 관리와 과제 해결을 스스로 하지 못한다는 것이다. 두 번째는 선생님이 학생들에게 충분히 설명해주던 환경에서 선생님은 학습 진도와 과제를 제시하는 형태로 바뀌었다는 것이다. 그로 인해 아이들은 온라인으로 스스로 학습해야 하는데, 어떻게 해야 할지 몰라 어려움을 겪는 아이들이 많다고 한다. 이제 아이들은 모든 것을 스스로 해야 한다.

심지어 어떤 아이들은 온라인 수업 시 선생님의 말씀을 잘 알아듣지 못하는 심각한 사태도 있다. 아이들의 학습 환경이 무질서해졌다. 준비되지 않은 상태였기 때문이다. 이제 점점 준비하는 사람과 준비하지 못하는 사람으로 구분될 것이다. 또한 앞으로 계속 준비하지 못한 채 새로운 문제들을 직면하게 될 것이다.

그렇다면 어른들은 아이들에게 무엇을 어떻게 가르쳐줘야 하고 준비시켜줘야 할까? 억지소리로 들릴지 모르겠지만 나는 책 읽기를 가장 우선순위에 놓아야 한다고 생각한다. 읽기, 듣기, 말하기, 쓰기 능력이 잘 다져진 아이들은 온라인 학습으로 바뀌었을 때 크게 흔들리지 않았다. 당황스럽고 새로운 환경이 낯설었겠지만, 새로운 물살을 타고 잘 흘러가고 있다. 그 이유는 이전부터 잘 만들어진 생활습관과 책 읽는 습관 덕분이 아니었을까? 책 읽는 습관만큼 좋은 것이 없다. 책을 읽음으로써 유익한 것은 이루 말할 수 없이 많기 때문이다.

많은 부모나 교사들도 독서의 중요성을 알고, 아이들이 독서를 할 수 있도록 많은 동기부여를 하고 있다. 그렇지만, 여전히 독서를 하는 아이보다 안 하는 아이가 더 많다. 내가 운영하는 학원은 크지는 않지만 수학, 영어, 독서 세 과목을 운영하고 있다. 물론 각 과목의 전담교사가 있다. 과목별 선호도는 수학이 1위, 영어가 2위, 독서가 3위다. 부모들이 생각했을 때 아이에게 가장 필요하고, 선행되어야 하는 과목이 수학과 영어인가 보다. 이 책을 읽고 있는 부모나 교사도 그렇게 생각할지 모르겠다. 하지만 그렇지 않다.

수학을 월등히 잘해도, 영어에 조금 더 소질이 있어서 빨리 레벨이 올라간다고 해도, 읽기가 기반이 되지 않은 아이는 기초공사가 튼튼하지 못한 건물을 지은 것이나 다름없다고 보면 된다. 반면에 수학이나 영어가 조금 부족해도 꾸준히 책을 읽고 생각의 근육과 독해력을 키운 아이는 장기적으로 봤을 때 학습 전반이 모두 흔들리지 않는다. 더불어 다양한 배경 지식을 쌓았고, 책을 통해 다양한 분야를 간접 경험했기 때문에 이해의 폭과 안목이 넓은 아이가 된다. 책은 강력한 힘을 가지고 있다.

코로나19로 인해 우리의 일상이 갑자기 달라졌다. 4차산업혁명 시대의 핵심인 인공지능의 발달이 더욱 빠르게 다가왔다. 이제 급격한 사회변동과 지위변동, 교육계의 변동을 맞이하게 될 것이다. 이렇게 달라지고 변해가는 지금, 당신은 아이의 미래를 위해 무엇을 가장 중요하게 여기고 있는가? 너무 놀라고 당황해서 두 손 놓고 있는가? 아니면 여전히 지금도 수학, 영어가 중요하다고 여기며 몇 년 후에 볼 수능시험을 준비하는가? 세상은 바뀌었다. 이제 예전 방식은 통하지 않는다. 새로워져야 한다. 아이가 새로운 정보와 새로운 세상에 발맞춰 살 수 있도록 준비해줘야 한다.

만일 우리 아이가 아직도 하루에 한 권, 아니 일주일에 책 한 권도 읽지 않는 아이라면 지금 이대로는 안 된다. 많은 유산을 물려주고 싶

AI 시대 초등 공부, 책 읽기가 전부다

어서 매일 새벽같이 나가 일하는 것보다, 지금 당장 아이 손에 호기심을 자극할 수 있는 한 권의 책, 아이에게 도전을 심어줄 스승의 이야기가 담긴 한 권의 책을 읽혀야 한다. 공부, 관계, 인성, 미래 그 모든 것을 배우는 유일한 통로는 책이다. 책 속에 모든 것이 담겨 있다.

우리 아이에게
혁명이 필요하다

이제는 세상이 바뀌었다. AI 시대, 코로나19 이후 시대는 완전히 바뀐 새로운 세상이 된 것이다. 인류 역사를 돌아보면, 모든 것들이 서서히 진행되다가 어느 한순간에 바뀌어 현재, 또는 지금의 우리가 사는 세상이 되었다.

돈을 예로 들어보자. 화폐가 아직 만들어지지 않은 때는 물건과 물건을 교환하는 물물교환 형태였다. 그 후 소금이나 쌀, 옷감과 조개가 화폐 역할을 했다. 8세기에 금속 화폐가 등장했고, 그 후로 돈의 형태가 계속 변화되어 지금의 지폐가 되었다. 이제 또다시 돈의 형태가 변화될 것이다. 이제는 '디지털머니'라는 새로운 형태의 돈이 만들어지고 있고, 이제 곧 그 모습을 드러낼 것이다.

아날로그 시대에서 디지털 시대로 변화된 과정은 또 어떠한가. 아날로그 시대에서 디지털 시대로 변화되면서 그 변화에 발빠르게 대

AI 시대 초등 공부, 책 읽기가 전부다

응하지 못해 1등의 자리를 내줘야 하는 비운을 여러 기업들이 경험했다. 나는 여기에서 변화라는 말에 주목하고 싶다. 아날로그 시대의 대표 기업이었던 코닥, 소니, 모토로라는 한때 전 세계적으로 인정받는 기업이었지만, 세상이 디지털 시대로 바뀌면서 그 변화에 제대로 대응하지 못하고 무너졌다. 반면 삼성과 LG는 디지털 세상의 선두그룹이 되었다. 변화의 흐름을 빨리 감지해서 준비하고 실행한 결과다. 디지털 세상의 선두그룹이 된 삼성과 LG는 내부적으로 큰 혁명이 일어났을 것이다. 기존의 모든 시설과, 인력, 방향과 목표를 뒤집어엎는 혁명이 있었기에 가능한 일이었다.

2020년 1월 라스베이거스에서 열린 국제 전자제품 박람회 'CES 2020'에서 인공인간 '네온(Neon)'이 등장했다. 네온은 사람과 똑같이 생겼고, 사람처럼 움직인다. 스스로 새로운 감정 표현을 할 수 있으며, 대화도 가능한 네온은 인공지능(AI) 알고리즘을 적용한 인공인간이다. 네온은 앞으로 교사, 배우, 은행원, 아나운서 등의 역할을 맡게 될 것이다.

'CES 2020' 박람회에서는 사람 대신 식품을 주문해주는 AI 냉장고도 선보였다. 냉장고 안에 설치된 카메라가 식품을 인식해 우유 등 자주 주문하는 품목은 알아서 구매해주는 기능과 사용자의 취향을 빅데이터로 분석해 요리를 추천해주고, 레시피까지 제공하는 기능을 갖춘 냉장고가 나올 것이라고 한다. 그뿐만 아니라, 요리를 해주는 셰프봇, 손님들의 자리 안내와 설거지를 해주는 식당로봇, 도시의 교통 체증을 해결해주고 도시인들의 시간을 단축시켜줄 하늘을 나는 드론택시도 등장했다.

일일이 다 열거할 수 없을 정도로 세상은 새로운 것들로 가득할 것이다. 그렇지만, 아직도 주변에서는 AI에 대해 잘 모르는 사람들이 많다. 신기술의 하나 정도로 여기거나 특정 기업에서만 사용하는 로봇 정도로 알고 있는 것 같아 안타깝다. AI 인공지능 로봇이나 인공인간은 우리 삶에 아주 가까이 다가왔다. 어쩌면 코로나19로 인해 더 빨리 그 모습을 드러냈다. 우리는 미래에 대해 공부해야 한다. 책을 보고, 신문을 보고, 각종 정보를 내 것으로 만들어야 한다. 이 시간에도 세상은 하루가 다르게 변하고 있다. 과학기술은 더 빠르게 진전을 보이면서 발전하고 있다. 어쩌면 사람만 제자리걸음을 하고 있는 건 아닐까?

나는 진심으로 우리 대한민국의 아이들이 걱정된다. 더군다나 우리는 코로나19 바이러스로 인해 더 진보하지 못하고 멈춰서버린 듯하다. 아니 실제로 코로나19가 기승을 부리던 때, 우리는 모두 멈춰 있었다. 직장도, 자영업도, 학원도, 어린이집도, 심지어 학교도 멈췄다. 우리 인간이 코로나19 바이러스로 멈춰 있는 동안 로봇, 인공지능, 인공인간, 디지털머니, 사물인터넷, 5G통신, 3D프린팅, 자율주행 자동차, 드론택시 등 수없이 많은 디지털 기술과 인공지능 기술이 서로 경쟁하고 융합하면서 초고속으로 세상을 바꾸고 있었다. 그러면 우리는 우리 아이들을 기계로 만들어야 한다는 말인가? 그럴 수 없다. 절대 기계와 인간이 경쟁할 수 없다. 정확히 말하면 과학기술과 인간은 경쟁상대가 아니다. 인간은 인간다움을 유지하며 인간의 능력을 최대치로 끌어올릴 수 있도록 개발하고 발전시켜야 한다.

인간에게는 인간 고유의 능력이 있다. 과학기술이 아무리 발달한다고 해도 모든 과학기술은 결국 지구에서 '만물의 영장'인 인간의 편리함을 위해 만들어졌다는 것을 잊지 말아야 한다. 인공지능 로봇과 과학기술이 인간들의 일상생활과 업무 시간의 단축 등 인간의 할일을 대신하는 그 시간에 인간은 인간다움을 유지하고, 인간만이 갖고 있는 고유 영역을 개발하려는 노력이 필요하다.

현재 과학의 속도는 최대치로 빨라졌다. 정점에 이르렀다고 볼 수 있다. 그렇다면 이제는 인류사회의 균형을 위해서 철학과, 인문학의 발전에 속도를 높여야 할 때인 것 같다. 인류사회의 발전에는 일정 부분 패턴이 있다. 철학과 인문학을 발판으로 산업혁명이 이루어지고, 다시 철학과 인문학 발전 후에 산업혁명과 과학혁명이 이루어졌음을 알 수 있다. 두드러지게 드러나지 않아서 그렇지 인류사회가 크게 변화하는 데는 철학과 인문학이 큰 원동력이 되었다. 철학은 사람들에게 질문을 던진다.

"인간이란 무엇인가?"
"어떻게 하면 더 편리하게 살 수 있을까?"
"어떻게 하면 인간이 더 행복하게 살 수 있을까?"

철학은 깊게 생각하는 능력이다. 즉, 인간의 존엄성과 행복을 위해 고민하고, 깊게 생각한다. 그 결과 인간들의 행복한 삶을 위해 법이 만들어지고, 새로운 직업이 생기고, 다양한 사물들이 탄생되었다. 농업, 과학, 모든 산업의 발전도 철학적 질문과 고민, 깊은 생각에서 발전되었다고 할 수 있다. 인문학은 또 어떤가. 철학이 인문학 범주에 포함되어 있지만, 그 각각의 중요성이 있기에 철학과 인문학을 따로 분리해놓았다. 인문학은 말 그대로 인간의 사고나 생각, 언어와 문화를 연구하고 발전시키는 학문이다. 모든 역사와 과학기술의 발전은 철학과 인문학에서 시작되었다고 해도 과언이 아니다.

이제 우리 아이들이 철학적으로 사고하고, 더 나은 인간 세상을 만들 수 있도록 교육해야 한다. 지금처럼 틀에 박힌 주입식 교육으로는 안 된다. 정해진 답에 아이를 맞추는 것은 고작 로봇의 버튼을 조작할 수 있는 방법 정도만 가르치는 것이라고 보면 된다. 이제는 스스로 문제를 내고 답을 만들어가는, 철학과 인문학을 바탕으로 창의적으로 생각하는 사람으로 교육해야 한다.

자신을 이해하고 타인을 이해하는 인문학적 공감 능력을 기를 수 있도록 교육해야 한다. 하루 24시간 1년 365일 쉴 새 없이 흘러들어 오는 각종 매체와 정보들의 옳고 그름과 그 정보들을 받아들일지 말지를 판단하는 기준이 되는 힘, 바로 비판적 사고 능력을 키워줘야 한다. 빠르게 변화하는 시대에 맞춰서 적응하려면 변화 적응력도 필수다. 성장하고 발전하는 과정에는 수없이 많은 실패와 좌절을 경험하는데, 이를 이겨내고 극복할 수 있도록 회복 탄력성을 길러줘야 한다. 사람과의 문제, 자기 자신의 문제, 경제적인 문제를 지혜롭게 해결할 수 있는 문제해결 능력도 길러줘야 한다. 이 모두를 다 아우르는 인성을 길러주는 교육으로 우리의 교육방침과 교육의 목표가 재설정되어야 하는 중요한 변환점에 우리는 서 있다.

이 책의 4장에서는 AI 시대, 인공지능에게는 없는 인간 고유의 능력인 공감 능력, 창조적 상상력, 창의력, 비판적 사고력, 변화 적응력, 회복 탄력성, 문제해결 능력, 인성 등을 키울 수 있는 비결을 소개한다. 혁명이란 지금까지 했던 방식에서 과감히 새로운 시도를 하는 것을 말한다. 세상이 바뀌고 변해가는데, 교육만은 예전 그대로라면 그 교육을 받은 아이들이 어떻게 세상에 적응하고 살겠는가! 우리가 교육 전체를 바꿀 수는 없다. 단지 새로운 시대에 맞는 아이가 되도록 필요한 능력을 키워주려는 노력과 교육이 혁명인 것이다.

이제는 정말 교육의 혁명이 필요하다! 이 책을 읽는 부모나 교사부터 교육의 혁명을 시작하자! 새로운 시도는 쉽지 않다는 것을 안다. 하지만 하나하나 바꾸고 시도한다면 과학기술이 놀랍게 발전한 것처럼 우리 아이들의 미래도 분명 발전할 것이다.

AI 시대,
왜 책을 읽어야 하는가?

"나는 앉아서 책을 읽는 것이야말로 무언가를 확실하게 배우는 가장 좋은 방법이라고 여전히 믿는다."

세계 최대의 인터넷검색서비스기업 구글(Google)의 전 CEO이자, 인공지능 교육을 위한 대학 설립을 준비하는 에릭 슈미트는 이렇게 말했다. 1983년 마이크로시스템을 시작으로 애플 이사회 의장을 거쳐 구글회장까지 역임하며, 이제는 인공지능 교육을 위한 대학을 설립해 인공지능 첨단기술 인재를 양성하려는 계획을 밝힌 에릭 슈미트는 '앉아서 책을 읽는 것이 가장 좋은 방법'이라고 했다. 전 세계인이 사용하는 인터넷검색서비스기업의 CEO가 인터넷검색도 아니고 과학기술이나 디지털의 신기술도 아닌 '책을 읽는 것'을 가장 좋은 방법이라고 했다고 하니, 교육의 혁명과 아이들의 미래교육의 핵심으로 책을 읽히라고 주장하는 내 의견에 마치 '찬성의 깃발'이라도 들어주는 것 같아 지원군을 만난 듯 반갑고 기쁘다.

이 책을 쓰기 전, AI 시대에 책 읽기의 중요성을 알리고 싶어서 그것을 주제로 책을 쓰겠다고 하니까 몇몇 사람은 찬성, 몇몇 사람은 반대했다. 반대한 사람들의 이유는 요즘 아이들이 스마트폰과 유튜브에 푹 빠져 있는데 책을 읽겠냐는 것이었다. 온라인 수업으로 전환되어 가는 마당에 책은 더 멀어졌다는 이야기도 나왔다. 아이들이 필요한 지식과 정보는 인터넷검색과 유튜브로 보지 누가 책을 읽느냐는 말들도 했다. 책을 읽는 것이 중요한지는 알지만 조금 구시대적인 주제 아니냐는 의견도 있었다.

그렇다. 틀린 말은 하나도 없다. 책 대신에 더 빠르게 정보를 얻을 수 있고, 책보다 더 짜릿하고, 더 화려하고, 재미있는 매체가 널려 있지 않은가! 그런 반대의견에 나는 조금 흔들렸고, 나의 주장이 정말 구시대적인가? 하는 고민도 했다. 하지만 아이들에게 독서 지도를 하는 나는 독서를 통해 아이들의 여러 영역이 발전하고, 성장하고, 변화되는 것을 몸소 체험했기 때문에 열 일을 제치고 책을 읽히라고 말하는 것이다. 과학기술이 발달하고 인공지능 로봇이 우리 삶 전반을 차지할수록 인간은 인간의 고유함과 인간만이 지닌 능력을 개발하고 발전시켜야 한다.

책을 읽으면 읽을수록 사고체계가 확장되고, 의식 수준도 높아지며, 삶의 질과 차원이 달라지는 것을 나는 알고 있다. 그래서 나는 책 읽기가 과학기술과 스마트폰, 게임과 영상물에게 그 자리를 빼앗기는 것을 더 두고는 볼 수 없다는 투철한 사명의식을 가지고 책을 쓰기로 결심했다. 그리고 전 세계적으로 영향력 있는 에릭 슈미트의 저 말이 나의 의견을 멋지게 대변해주고 있다.

리처드 왓슨은 앨빈 토플러, 대니얼 핑크와 함께 '세계 3대 미래학자'로 꼽히는 미래학의 거장이다. 그는 저서 《인공지능 시대가 두려운 사람들에게》에서 일등석보다 상위 등급인 특등석을 타고 다니는 사람들에 대한 흥미로운 이야기를 들려준다. 그에 따르면 공항에서 특등석 라운지를 이용하는 사람들은 스마트폰이나 노트북을 붙잡고 일하느라 정신없는 비즈니스석이나 일등석 라운지의 사람들과 달리 조용히 독서를 하고 있거나, 커다란 창밖을 보면서 사색에 잠겨 있다. 그러니까 비즈니스석이나 일등석 이용자들은 '기계'처럼 쉬지 않고 '일'을 하는 사람들이고 특등석 이용자들은 '인간'답게 독서와 사색과 성찰을 하면서 쉬지 않고 자기 '교육'을 하는 사람들이다. 작가 이지성은 이 이야기를 여러 번 읽고 사색한 결과 다음과 같은 의견을 가질 수 있었다고 한다. 먼저, 기계처럼 일하는 사람들은 앞으로 더 나은 기계인 '인공지능'에게 대체될 것이라고 말한다. 그러나 인간 고유의 활동인 '독서', '사색', '성찰' 등을 통해 자신을 새롭게 만들어가는 사람은 인공지능에게 대체되지 않고, 인공지능에게 지시를 내리는 존재가 될 것이라고 예측한다. 이지성은 또한 비행기의 일등석보다 높은 등급인 특등석을 이용할 정도의 사람들이라면 국적이 어디든 지배계급에 속할 것인데, 그들은 지금 이 순간에도 '인공지능에게 대체되지 않는 나'를 만드는 자기 교육을 쉬지 않고 있다고 말한다.

어느 시대, 어느 국가를 막론하고 지배계급은 전체 국민의 1~2% 정도에 불과하다. 그렇다면 지배계급이 가장 중요하게 생각하는 것은 무엇일까? 바로 '교육'이다. 그들은 교육을 통해 부와 권력을 대물림했다. 우리나라 대한민국의 지배계급도 교육을 통해 부와 권력을 대물림해왔다. 재벌들과 정치가들이 자녀에게 어떤 교육을 하고 있는지 살펴보라. 다들 최고의 교육을 하고 있다. 나는 이지성 작가가 저서 《에이트》에 정리해놓은 내용에 깊이 공감한다. 아니, 마치 나의 생각을 《에이트》라는 책의 지면을 빌어 풀어놓은 것 같다. 지금 내가 이 책을 쓰는 이유와 목적이 모두 들어 있다.

이제 우리에게 다가온 AI 시대의 인간은 두 분류로 나뉘게 된다. 인공지능을 개발하고 만들어 인공지능을 다스리는 부류와 오히려 인공지능의 지시를 받거나 인공지능에게 자신의 자리를 빼앗기는 부류다. 선진국들은 이미 인공지능을 다스리는 부류를 양성하기 위해 오래전부터 교육해왔다. 인공지능의 지능과 능력을 인간이 따라잡을 수 없으니, 인공지능이 절대 가질 수 없는 능력을 길러주기 위한 교육을 하고 있는 것이다. 그렇지만 우리나라는 AI에 대해 아는 사람이 극소수이고, 준비하는 사람도 극소수다. 세계로봇연맹이 발표한 보고서에 따르면 안타깝게도 우리나라는 앞으로 AI 시대가 본격적으로 시작되면 인간이 로봇에게 대체될 비율이 세계 1위라고 한다. 심각한 일이 아닐 수 없다.

나도 아직 초등학교 4학년인 아들이 있다. 더군다나 나는 학원을 운영하며 우리 학원을 믿고 와주는 여러 아이들에 대한 책임도 있다. 더 나아가 어른으로서 교육자로서 대한민국 아이들의 미래를 준비해주는 역할을 해야 한다. 그러니 심각하게 고민하지 않을 수 없다. 이제는 교육 방향도, 방법도 모두 바뀌어야 한다. 사람과 사람이 경쟁하는 것도 힘겨워서 얼마나 많은 아이들이 좌절하고, 도태되고, 지쳐있는가! 그런데 이제는 사람을 능가하는 능력을 가진 기계와 경쟁해야 한단 말인가? 아니다. 경쟁은 우리를 더욱 조급하게 하고, 좌절시킬 뿐이다. 나는 기계와 경쟁하고, 기계를 앞서는 인간이 되라고 우리 아이들을 몰아가서는 안 된다고 생각한다. 절대 그럴 수도 없지만 말이다. 나는 에릭 슈미트의 말을 다시 새겨보고 싶다.

"나는 앉아서 책을 읽는 것이야말로 무언가를 확실하게 배우는 가장 좋은 방법이라고 여전히 믿는다."

이 말이 나처럼 와닿는 부모나 교사가 있는가? 정말 그렇다. 책을 읽는 것이야말로 무언가를 확실하게 배우는 가장 좋은 방법이다. 기계처럼 일하는 사람은 더 발전되고 능력 있는 기계에게 대체되지만, 인간 고유의 활동인 '독서', '사색', '성찰' 등을 통해 자신을 새롭게 만들어가는 사람들은 기계에게 대체되지 않을 것이다. 책을 읽는 것이

AI 시대 초등 공부, 책 읽기가 전부다

야말로 진정한 '자기교육' '미래를 준비하는 교육'이라는 것이다.

많은 부모들은 책을 읽어야 한다는 사실은 알지만, 책을 읽고, 깊은 사색을 하고, 자기 성찰까지 이르는 진정한 '자기교육'이라는 것까지는 생각해보지 않았을 것이다. 단지 사회적 분위기가 책을 많이 읽는 것이 좋다고 하니까, 책을 읽으면 지금 당장 눈앞에 놓인 학습들을 잘하고, 수능시험을 잘 볼 수 있는 기초체력 정도로만 이해하고 있는 것 같다. 부모들 스스로도 책 읽기에 대한 동기부여가 되지 않았으니 어떻게 자녀들에게 책 읽는 것에 대한 동기부여를 줄 수 있을까!

책을 읽는 것은 우리나라를 선진국으로 만들 수 있는 작은 움직임이다. 우리를 능가하는 AI에게 자리를 내주지 않으면서 AI를 개발하고 만들어 다스릴 수 있는 부류가 된다. 부와 권력을 대물림하는 상위 1~2%의 지배계급은 모두 책을 읽으며 스스로 '자기교육'을 하는 사람들이다. 자기 자녀를 하위계층에 머무르도록 겸손한 교육을 하는 이들은 없다고 본다. 그렇다고 큰 야망을 갖고 교육하는 사람도 드물다. 그럼 자녀들은 중간에 머물러 있게 되는데 지금까지는 중간계층이 어쩌면 안정적으로 잘 살아왔을 수 있다. 그렇지만 시대가 바뀌었다. 이제 중간은 없다. AI에게 자리를 내어주고 하위계층에서 살 것인가? AI를 다스리고 그들을 지배하며 최고의 삶을 영위하는 사람으로 살게 할 것인가? 이것은 오롯이 부모의 교육 방향과 철학에 담겨 있다. 지금도 늦지 않았다. 아이에게 책을 읽히는 일에 모든 것을 아낌없이 투자하자. 이것이 AI 시대에 책을 읽어야 하는 이유다.

AI 시대의 문제 해결은
책 읽기에 있다

AI 시대 가장 대두되는 문제는 무엇이라고 생각하는가? 바로 'AI 에게 우리의 일자리를 모두 빼앗기지 않을까?' 하는 걱정이다. 일자 리는 곧 우리가 먹고살아야 하는 생계와 직결되기 때문이다. 사실 AI 의 등장으로 사람들이 하는 일을 AI가 대신하고 있는 모습들을 몇 년 전부터 종종 봐왔을 것이다. 앞으로도 계속 인간이 하던 일들은 AI로 대체될 것이라고 하니 걱정이 아닐 수 없다. 이를 미끼로 두려움과 공 포를 주는 정보나 마케팅도 있다.

1973년 노벨 경제학상 수상자인 바실리 레온티예프는 "농경시대 말이 맡았던 역할이 트랙터가 도입되면서 제거된 것처럼, 컴퓨터의 도입으로 가장 중요한 생산요소로서의 인간의 역할이 감소하게 될 것 이다"라고 예언했다. 이 예언은 40년 이상이 흐른 지금 정확하게 맞 아떨어졌다. 이제는 컴퓨터를 넘어 인공지능 AI가 등장해서 인간의 역할이 감소될 뿐 아니라 생업에 위협을 받는 것을 걱정해야 하는 시대가 되었다.

가장 가깝게는 크고 작은 건물 주차장을 보라. 우리가 어느 건물 주차장에 주차를 하려고 그 입구를 들어설 때 가장 먼저 만날 수 있었던 주차요원이 없어졌다. 건물마다 자동화시스템이 구축되어 기계가 하고 있으니 그것만 보아도 적지 않은 사람들이 이미 실직했다는 이야기가 된다. 식당을 가보자. 식당에도 이제는 음식을 만들어주는 주방에만 사람이 있을 뿐, 주문은 기계에서 하고, 음식이 나오면 가져와서 먹고, 다 먹은 그릇을 반납하는 것도 셀프로 한다. 그러니 주문을 받고, 그릇을 치우는 서비스 직원이 필요하지 않다. 대부분 식당의 서비스는 대학생들이 아르바이트로 많이 했었는데, 이제는 그런 아르바이트 자리도 점점 줄어들고 있다는 사실이다. 기업이나, 제조, 생산, 농업에 이르기까지 사무적인 일이든, 노동이든, 서비스든 AI는 어디서나 일할 수 있다.

그러나 기술혁신은 일자리 파괴보다 새로운 일자리 창출 효과도 있다는 것을 알아야 한다. 사라지는 일자리를 구별해서 걸러내고, 새로 생기는 일자리를 구별해 내 것으로 만들거나 스스로 일자리를 창출해내는 사람이 되도록 교육하고 훈련하는 것이 중요하다.

성경에 이런 구절이 있다.

"이전 것은 지나갔으니 보라, 새 것이 되었도다."

"새 포도주는 새 부대에 넣어야 둘이 다 보전되느니라."

더 효율적이고 더 편리하도록 사람이 만든 AI에게 일자리를 빼앗길 걱정과 두려움에 사로잡혀 있다면, 얼마나 연약하고 우스운 일인가. AI에게 넘긴 일들에 대해 더 이상 미련을 갖지 말자. 이제 우리는 AI가 할 수 없는 일을 찾아 나서야 한다. 아무리 눈을 씻고 봐도 보이지 않는다고 말하고 싶은가? 새로운 일은 그렇게 쉽게 잡히는 만만한 일은 아닐 것이다. 인간으로서의 깊이 있는 사색과 성찰로 자기교육을 충실히 한 사람에게는 반드시 보이게 될 것이다.

노성열의 저서 《AI 시대, 내 일의 내일》에서 저자는 '새로운 일, 미래의 일자리는 일과 놀이가 결합된 일-놀이 혹은 놀이-일이 된다. 업무의 게임화(Gamification)라고 표현할 수도 있다. 이제 일은 밥벌이를 위해, 사회적 신분상승을 위해 견디고 참아야 하는 고행이 아니라 나의 자아실현을 위해, 살아가는 즐거움을 위해 구체적으로 현실에 구현된 하나의 거대한 사회적 놀이가 될 것이다. 이렇게 일자리의 정의가 바뀜에 따라 교육의 개념도 바뀌어야 한다. 그러기 위해서는 유연하게 사고하고, 이질적인 구성원과 협력하며, 창의적으로 즐겁게 새로운 상황에서 배우도록 학습의 정의를 재편해야 한다'고 말한다.

어떤가. 지금까지 우리가 알고 있던 일자리의 개념과 확연한 차이가 있다는 것을 느낄 수 있는가? 나는 노성열 작가의 글을 옮기며 내 안에 적잖은 흥분이 일어나고 있음을 느낀다. 바로 내가 청년시절부터 찾아 헤맸던 일자리가 바로 이런 일이었다. 일로 느껴지지 않는 일. 내가 좋아하는 일로 돈을 벌고, 시간도 내 마음대로 활용할 수 있는 그런 일을 원했다. 내가 그런 일을 할 수 없었던 이유는 시대도 시대지만, 무엇보다 내가 '준비'되지 않았기 때문이다. 남들이 보기에 나는 부지런하고 성실해 보이지만, 아침에 출근하는 일을 잘하지 못한다. 내가 정말 존경하는 사람은 한 직장에서 10년 이상 근무한 사람들, 그리고 아침에 출근하는 것을 당연한 일로 여기며 하루도 빠짐없이 출근하는 사람들이다. 내 인생에서 중간중간 원했든, 원치 않았든 아침에 출근하는 직장생활을 몇 년씩 경험한 때가 있다. 제일 곤욕스럽고 힘들었다. 비교적 책임감이 강한 나지만, 1년에 한두 차례는 꼭 결근을 했다.

건강한 편임에도 직장생활을 하는 동안에는 병원에 자주 가는 단골 환자였다. 직장생활은 나의 바이오리듬을 실조시켰다. 그렇기에 더욱 하루 종일 얽매어 있는 직장보다는 자유로우면서도 내가 좋아하는 일을 하기로 결심했다. 그런 사람이 되기 위해 정말 많은 책을 읽었다. 관심 있는 분야와 나를 알아가는 공부를 했다. 필요한 자격을 하나씩 갖추어나갔다. 안정적인 직업 없이 책만 읽고, 공부만 할 때는 미래가 보이지 않아 불안하고 암담할 때도 있었다. 속으로 '책만 보고 있다고 답이 있으려나?'라는 생각도 했고, '내가 뭐가 되려고 지금 이렇게 공부하지?'라는 허탈함도 있었다.

그렇게 몇 년의 세월을 보냈다. 그러자 조금씩 나의 삶에 윤곽이 드러나기 시작했다. 나는 프리랜서를 선택했다. 그동안 책을 통해 쌓은 지식과 자격증들이 하나둘 빛을 발하기 시작했다. 초·중학교와 평생교육원, 사회복지기관, 교회 등에서 상담, 강의, 회의진행을 할 수 있게 되었다. 시간과 일정을 내가 선택할 수 있고, 일처럼 느껴지지 않는 일을 할 수 있었다. 내가 좋아하는 사람들을 만나고, 내가 좋아하는 일을 할 수 있게 된 것이다. 현재도 나는 초중고 학생들에게 독서 지도를 하며, 하루하루 즐겁고 행복한 일을 하고 있다.

지금처럼 일에 대한 부담을 느끼지 않고 시간적, 정신적, 경제적 자유로움을 만끽할 수 있는 것은 몇 년의 시간 동안 만난 수많은 책들 덕분이다. 책을 통해 알게 되고, 꿈을 갖게 되고, 도전하게 되었던 것이다. 지금의 나를 만든 것은 책과 책을 쓴 저자들이다. 수많은 책과 그 저자들에게 감사한 마음을 표한다.

이제 우리 아이들 차례다. 사람은 누구나 자신이 좋아하는 일을 하고 싶고, 자기가 잘하는 일을 할 때 일처럼 느껴지지 않는다. 또한 시간적 자유와 정신적 자유가 있는 일이라면 좋지 않겠는가? 그런 일이 어디 있냐고 반문하는 소리가 들린다. 지금까지는 사회가 안정적이고 그나마 사람이 할 수 있는 일이 많아서 찾으려는 큰 노력 없이 안정과 현실을 선택했다. 하지만 AI 시대는 안정적이고 기계적인 일은 AI가 하게 된다. 사람은 일 없이 놀거나, 아니면 자신이 좋아하는 일을 찾고 만들어야 한다. 놀거나 일하거나 그 또한 선택이다.

아이가 자신이 좋아하는 일, 남과 다른 일, 자유로운 일을 했으면 하는 부모라면 지금 당장 모든 것을 뒤로하고, 책을 읽히기를 권한다. 그리고 부모는 아이들이 책을 읽는 동안 기다려줘야 한다. 아이들이 책을 읽고 깊은 사색에 잠길 수 있도록 주변 환경을 만들어줘야

AI 시대 초등 공부, 책 읽기가 전부다

한다. 아이가 깨달음을 얻을 수 있도록 질문을 던져줘야 한다. 그리고 아이의 생각을 마음껏 표현하고 발산할 수 있도록 해줘야 한다.

독서는 심오하다. 그 깊이가 깊어 절대 짧은 시간 안에 결과가 보이지 않는다. 수학이나 영어처럼 바로 결과물이 나와서 이건 틀렸고, 저건 맞았다는 흑백이 분명치 않다. 아무것도 보이지 않는 막연한 길을 하염없이 걸어가야 한다. 그러다 어느 순간 '짠' 하며 뇌를 강하게 자극하는 전율이 올 때까지 인내하고, 기다리며 책을 읽어야 한다. 인풋이 있어야 아웃풋도 있다. 심어야 거둔다. 오래 기다릴수록 진귀한 보석이 탄생한다.

책에는 오랜 시간의 기다림 끝에 얻을 수 있는 값진 보석이 담겨 있다. 그리고 책은 우리 아이가 최고의 꿈을 갖도록 인도할 것이다. 성급하고 조급하게 아이를 내몰지 말고, 시간을 두고 오래 기다려주자. AI가 할 수 없는 놀라운 일을 책 속에서 발견하게 될 것이다.

07

100권의 책은
100명의 스승이다

 인생에서 중요한 만남 3가지가 있다. 첫 번째는 부모, 두 번째는 스승, 세 번째는 배우자다. 아직 어린 자녀를 둔 부모라면 우리 아이가 좋은 학교, 좋은 스승, 좋은 친구를 만나기를 바랄 것이다. 나도 내 아이가 초·중·고등학교와 대학교를 입학할 때마다 기도했고, 새학기를 맞을 때마다 기도했다. 더불어 내 아이가 좋은 제자가 되고, 좋은 친구가 되도록 기도하고, 그렇게 가르쳤다. 그만큼 인생에서 누구를 만나는가는 매우 중요하다. 우스갯소리로 요즈음은 하나 덧붙여야 하지 않을까? 좋은 학원과 좋은 학원 선생님 만나기를 바라야 할 것 같다.

 어느 날, 우연히 인터넷검색을 하다 낯선 블로그에서 이런 글을 보았다. 글을 쓰는 저자가 한 권의 책을 쓰기 위해서는 적어도 100권의 책을 탐독하는데, 그 한 권의 책을 읽음으로써 100명 스승의 이야기에 귀기울일 수 있다는 글이었다. 그렇다. 우리는 한 권의 책을 통해서 여러 명의 스승을 만날 수 있다는 이 말에 깊이 공감한다.

독서 교육학자이자 동화작가 남미영 선생님의 저서 《공부머리를 완성하는 초등독서법》에도 '한 권의 책은 한 명의 스승, 100권의 책은 100명의 스승이다'라는 말이 있다. 사람들이 세계적으로 유명한 대학에 가고 싶어 하는 이유 중 하나가 명망 높은 교수를 만나고 싶어서인데, 사실 책 속에는 그런 일류 교수보다 더 훌륭한 특등 스승이 있다는 것이다. 우리는 책만 펴면 어디서든 그런 스승을 만날 수 있는데, '그야말로 수강 신청 기간도, 방학도 없다. 밤이나 낮이나 편한 시간에 책만 펴면 만나주는 친절한 스승들'이다.

부모나 교사들이 책 한 권 한 권마다 한 명의 특등 스승을 만나게 해준다는 마음으로 아이들에게 책을 권한다면 아이들이 책을 대하는 자세도 달라지지 않을까? 엄마들도 책을 읽는 것이 중요하다고 생각하지만, 그저 책이 아이의 다른 학습에 도움이 되니까 뒷받침해주는 역할 정도로 책을 대하지 않았는지 돌아보면 좋겠다. 엄마가 책을 대하는 태도만큼 아이도 책을 대할 것이기 때문이다. 책은 내게 스승이자 멘토이고, 상담가, 치료자가 되어 주었다. 어떤 것이 궁금하거나 더 발전하고 싶을 때, 더 깊이 알고 싶을 때 등등 삶의 수많은 문제와 일의 실마리를 찾을 때, 나는 사람에게 물어보는 일을 어느 순간 그만두었다. 사람은 딱 자기의 수준만큼만 말해주고 조언해준다. 그런 조언이나 상담이 거의 대부분 나에게 맞지 않거나, 그 사람만의 주관적인 견해와 가지고 있는 관념의 틀 안 이야기에 그치기 때문이다. 나는 모든 분야의 책과 여러 작가의 저서들을 읽는다. 이야기의 공통점과 차이점과 다른 견해들을 비교해본다. 그중 나에게 가장 잘 맞는 것을 내 것으로 만들어 적용하고, 깨닫고, 지혜를 얻는다.

하나의 궁금증과 하나의 문제를 해결하기 위해 읽은 책 속에서 다양한 연결고리를 발견한다. 그러면 또 찾아서 읽고, 또 적용한다. 하나로 시작해 여러 가지 지혜와 방법을 습득할 수 있는 유일한 수단은 오로지 책 읽기에 있다.

나는 독서 지도를 할 때, 책을 읽기 전 가능한 작가에 대해 이야기해주거나 작가 소개글을 읽고 난 후 책을 읽으라고 한다. 작가와 책 속의 인물 모두가 우리 아이들에게 스승이 될 수 있다. 작가가 태어난 곳, 작가가 이 책을 쓰게 된 동기를 알려준다. 책을 쓴 작가의 의도를 알게 된 아이는 책의 의미를 더하며 읽게 된다. 의외로 이런 방법을 아이들이 재미있어 한다. 외국이름으로 되어 있을 때는 어느 나라 사람일까? 맞춰보도록 하고, 아주 오래전 사람이면 시대적 배경과 환경을 이야기해준다. 또 중요한 것은 작가의 다른 작품도 관심 있게 보도록 한다. 자기가 이미 읽은 책이 있을 경우 아이들은 마치 자기가 그 작가를 아는 양 반가워하고, 자기가 이미 읽은 책이 있다는 사실에 뿌듯해 한다. 아직 읽지 않은 작품이 있다면 호기심을 가지고 읽고 싶어 한다. 이렇게 되면 자연스레 다음 책으로 연결되고, 또 다른 스승을 만나 또 다른 지혜와 깨달음을 얻게 된다. 아이들에게 어느 하나도 무의미하고 그냥 지나칠 것은 없다.

AI 시대 초등 공부, 책 읽기가 전부다

백지에 가까운 상태로 이 땅에 태어나서 이제 하나하나 채워나가는 아이에게 좋은 스승을 만나게 해주는 일은 더 없이 값지고 귀한 일이 아닐 수 없다. 아이들이 커나가는 과정에서 유치원 선생님, 학교 선생님, 학원 선생님을 거쳐 대학을 가기까지 불과 20~30명, 많아도 50명 안팎의 선생님을 만날 뿐이다. 많은 선생님을 만나는 것 같지만 사실은 그렇지 못하다.

하지만 책은 어떤가! 부모나 교사들이 마음만 먹으면 하루에도 두세 명의 스승을 만날 수 있게 해주는 격이다. 선생님마다 주는 교훈과 감동, 능력과 스킬은 모두 다르다. 주인공들이 겪는 갈등, 상황, 문제, 해결방법이 다양하다. 책에서 느끼는 그 맛이 제각각 다르다. 이 많은 것들을 책을 통해 경험한 아이들은 새로운 환경에 접하거나, 새로운 사람을 만나거나 새로운 문제를 접했을 때 당황하지 않는다. 왜냐하면 책에서 이미 간접 경험을 해봤기 때문이다. 책 속의 선생님이 이미 지혜로운 해결책을 알려줬기 때문이다.

부모라고 아이들이 만나게 될 상황을 미리 말해줄 수 있겠는가? 선생님들이 그렇게 할 수 있겠는가? 아이에게 어떤 일이 생길지는 아무도 예측할 수 없고, 그 누구도 미리 말해줄 수 없다. 그렇지만 책을 통해 얻은 경험과 지혜는 아이의 삶 속에서 분명 빛을 비춰줄 것이다.

나처럼 책을 통해 삶과 직업, 스스로가 변한 경험이 있는 사람은 아이들에게 책 읽기가 인생에서 아주 중요한 일임을 자연스레 느끼게 해줄 수 있다. 내가 책을 통해 만난 스승이 족히 천 명은 될 것 같다. 천 명의 스승들을 일일이 찾아가서 만나려면 우리는 타임머신을 타고 과거로 가야 하고, 미래도 가야 한다. 비행기를 타고 몇 날 며칠을 허비하며 대륙을 건너 외국에도 가야 한다. 어떤 때는 오지 산골에 아프리카 정글도 가야할지 모른다. 하지만 나는 천 명의 스승을 내가 있는 곳으로 초대했다. 그 스승들은 거만하거나 교만하지 않아 아무 대가 없이 나에게 와주었다. 그리고 자신의 모든 경험과 지혜를 아낌없이 쏟아내주었다. 눈물 날 만큼 감사한 일이다. 나는 그저 스승을 만날 준비만 하면 된다. 스승이 하는 이야기에 귀를 기울이고, 들려주는 이야기들을 열린 마음과 긍정의 마음으로 받아들이면 된다.

우리 모두 책 읽는 일을 결코 소홀히 여기지 않았으면 좋겠다. 아무리 똑똑하고 재산이 많은 부모여도 지혜를 물려주는 일은 쉽지 않다. 우리 아이를 지혜롭고 그릇이 큰 아이로 키우고 싶다면 오늘부터 책 속에 있는 새로운 스승들을 소개해주자. 아마 아이들도 새로운 스승을 만나는 일에 흥분되고 기대될 것이다.

책 읽는 아이가
AI를 이긴다

인류 역사의 1·2·3차 산업혁명의 특징은 혁명 후 새로운 일자리가 폭발적으로 늘어났다는 것이다. 좋은 학력을 가진 사람들의 몸값이 상승했고, 그들이 선택할 수 있는 일자리가 넘쳐났다. 특히 3차산업혁명은 컴퓨터 기술의 발달로 많은 일자리가 생겨났고, IT기술을 가진 사람들의 천국이었다고 해도 과언이 아니다. 많은 신생 벤처기업들도 호황을 누렸다. 그렇지만 4차산업혁명은 지금까지의 혁명과는 다르다. 인공지능의 등장으로 오히려 사람들의 일자리를 없애고 있다. 좋은 학력, 애써 쌓은 스펙, 유명 대학의 졸업장을 모두 무용지물로 만들고 있다.

이지성의 저서 《에이트》에서는 세계 최초 AI 의사 '왓슨'에 대한 이야기가 나온다. 미국의 매사추세츠주 케임브리지에 위치한 '왓슨 헬스'가 고향이고, 그는 300억 장 이상의 의료 이미지(X-ray, CT, MRI) 파

일을 내장하고 있다. 120만 편 이상의 의학 논문과 8,500개 이상 의료기관이 축적한 의료 정보를 갖고 있으며 400만 건 이상의 제약 특허, 1억 명 이상의 환자 정보, 2억 명 이상의 생체 정보를 보유하고 있다.

인공지능 왓슨이 한 공부를 인간 의사의 공부와 비교할 수 있을까? 제아무리 천재적인 학습 능력을 가진 인간 의사라 한들 지금까지 왓슨이 공부한 1만분의 1이라도 따라갈 수 있을까? 게다가 인간과는 달리 한 번 공부한 것은 절대로 잊어버리지 않는 왓슨은 내장되어 있는 의학 지식을 불러내는 데 0.1초도 걸리지 않는다. 최고의 의대생들이어도 왓슨의 손을 들어주어야 할 것 같다.

앞서 소개한 화이트칼라 어밀리아는 또 어떤가. 365일 24시간 쉬지 않고 근무할 수 있고, 월 급여 220만 원을 받지만, 한 번에 12가지 이상의 업무를 처리할 수 있다. 500여 개 회사에서 동시 근무가 가능하고, 30초에 300쪽의 매뉴얼을 암기한다. 20개국의 언어가 가능하고, 게다가 스스로 감정 표현이 가능해 사람과의 자연스러운 대화를 할 수 있다.

지금도 하루가 다르게 AI 기술은 발전하고 있다. 왓슨과 어밀리아의 능력만으로도 우리는 입을 다물지 못하는데, 더 뛰어난 인공지능이 나타난다니, 우리 아이를 어떻게 키워야 할지 막막하지 않은가?

그렇지만 기계는 기계일 뿐이다. 다시 말해 AI 기술은 사람들의 편의를 돕기 위해 만들어진 것이다. 최초의 AI 의사 '왓슨'도 결국에는 병원에서 의사를 돕는 역할을 한다. 의사가 원하는 자료와 정보를 순

발력 있게 꺼내주고, 축적되어 있는 의학 논문들과 사례를 적절하게 제공해주는 일을 한다. 그러면 인간 의사는 AI로 인해 시간을 번 셈이다. 그 시간에 환자의 아픔과 마음을 공감해주는 일을 하고, 돌발 상황에 대한 대처와 문제들을 해결한다. 또한 AI가 내려준 방법 중 가장 적합한 방법을 선택하고 실행하는 일을 하게 된다.

결국, 과학기술이 만든 AI는 사람을 돕기 위한 수단이자 도구라는 것이다. 그렇지만 AI를 만만하게 보다가는 AI의 지배를 받아 거꾸로 AI를 돕는 인간으로 전락할 수도 있다. 그러니까 우리는 AI가 할 수 없는 일, 인간 고유의 능력을 살리는 일을 해야 한다. 의사의 경우 아픈 환자의 이야기를 마음으로 들어줄 수 있는 일은 AI가 할 수 있는 일이 아니다. 인간 의사여야 가능하다. 인간 대 인간으로 환자의 마음을 이해해주고 보듬어줄 수 있는 공감 능력은 인간만이 갖는 인간 고유의 능력이다. 의료 상황에서 갈등과 문제 상황이 있을 수 있다. 이때 삶의 지혜와 경험을 바탕으로 일을 처리하는 문제해결 능력 또한 기계인 AI는 할 수 없다. 때로는 AI가 보내준 정보들을 의심의 눈으로 보는 비판적 사고력을 발휘해야 할 때도 있다. AI가 주는 정보가 모두 100% 맞다는 생각은 우를 범할 수도 있으니 말이다.

인간만이 가진 능력, 제아무리 과학기술이 발달해서 사람과 똑같은 복제인간이 나타난다고 해도 기계라면 가질 수 없는 인간 고유의 능력을 갖추어야 한다. 공감 능력, 창조적 상상력, 창의력, 비판적 사고력, 변화 적응력, 회복 탄력성, 문제해결 능력, 인성을 키워야 한다. 그런데 이 능력들은 개발하지 않으면 그냥 사장되어버리는 능력들이다. 보석을 만들기 위해 돌을 깎고 다듬듯이 사람을 만나고, 경험하고, 문제에 부딪혀보고, 실패와 좌절을 해봐야만 키워지는 능력이다. 이 모든 것들을 경험해야 한다고 하면 얼마나 많은 시간이 걸리겠는가. 그 시간을 단축시켜줄 수 있는 것이 바로 책 읽기다.

책 속에는 다양한 인물들이 우리의 일상에서 일어날 수 있는 소소한 일부터 생각지도 못한 큰 문제, 때로는 상상치 못한 이야기까지 경험하게 해준다. 때로는 먼 나라로, 미지의 세계로 우리를 데려다주기도 한다.

인간은 절대 AI의 능력을 따라갈 수 없다. AI는 우리를 돕기 위해 나타난 과학기술이 준 선물이다. 우리의 용량을 초과하는 일을 AI가 해주는 동안 우리는 인간 고유의 능력을 키우는 일에 에너지를 쏟자. 우리 아이들에게도 이제는 무엇이 중요한지 알려주어야 한다. 갇힌 틀 속에서 아직까지도 100년 넘도록 해온 주입식교육과 정답만을 강요하는 기계 같은 인간을 양성하는 일은 이제 그만두자. 지금까지 해보지 않았던 새로운 시도를 해보자. 부모나 교사가 꼭 기억해야 하는 것은 AI에게 없는 인간 고유의 능력을 키워주는 일이다. 그것이 AI를 이기는 일이고, AI를 다스리는 사람으로 성장하는 것임을 기억하자.

책이 아이의
인생을 바꾼다

부끄러운 이야기지만 나는 초등학교 때부터 서른 살 즈음까지 1년에 책을 한두 권 읽을까 말까 한 사람이었다. 책을 좋아하기는 했던 것 같은데, 내가 어렸을 때는 책이 흔하지 않았다. 학교에서 가정환경조사를 할 때, "집에 텔레비전 있는 사람?" 하면 손들고, "집에 냉장고 있는 사람?" 하면 또 손들고, "집에 전화 있는 사람?" 하면서 공개적으로 가정환경조사를 했다. 그때 또 묻는 질문이 "집에 책이 100권 이상 되는 집?" "50권?" "20권 이하?" 이렇게 차례대로 선생님이 물어보신다. 나는 어디에 손을 들었겠는가? 부끄럽게도 나는 책이 20권 이하 있는 집 아이였다.

지금 생각해보면 아이들의 자존심에 상처를 주고 수치심이 들게 하는 인격모독이다. 그런 날은 너무나 부끄러웠다. 반 아이들 중 몇몇은 선생님이 100권을 물어볼 때 손을 번쩍 들었다. 어찌나 부럽던지, 나중에 그 친구네 집에 놀러가 보니 정말 커다란 책장에 책이 빼곡히 꽂혀 있고, 친구 방 책상의 책장에도 알록달록 책들이 꽂혀 있는 것을 보고 '나도 이다음에 커서 책 많이 사야지!' 하고 부러운 마음을 결심으로 바꿨던 것 같다.

어느 날인가는 학교가 끝나고 집으로 가는데 길가에 책을 펼쳐놓고 파는 책장사 아저씨가 있었다. 나의 발걸음은 책 앞으로 갔고, 그때 주머니에 있던 짤랑짤랑 백 원짜리 동전 몇 개를 내고 책 한 권을 샀다. 처음으로 책을 산 날인 것 같다. 그때 산 책이 《헬렌 켈러》였다. 귀도 들리지 않고, 말도 잘 못하고, 눈도 보이지 않는 헬렌 켈러에게 설리번 선생님이 오셨다. 헬렌 켈러는 선생님을 호되게 고생시켰다. 그런 헬렌 켈러에게 선생님은 사랑으로, 때로는 단호하게 대하면서 헬렌 켈러가 장애를 극복하고 살아갈 수 있도록 끝까지 최선을 다했다. 어린 나이였지만 《헬렌 켈러》 책은 나에게 굉장한 감동을 주었다. 어느 날 우연히 책이 많이 놓인 좌판 앞에 내 발걸음이 멈췄고, 떡볶이를 사 먹을 돈으로 책을 샀다. 그렇게 우연히 내 손으로 들어온 책은 큰 감동을 주었고, 이렇게 나이 먹은 지금도 눈가를 뜨겁게 하는 '인생 책'이 되었다. 나는 그때, 설리반 선생님처럼 누군가를 돕고 가르치는 선생님이 되어야겠다는 생각을 했던 것 같다. 그 뒤로 꿈이 많이 바뀌고, 다른 직업들도 거쳤지만, 결국 나는 아이들을 지도하는 선생님이 되었다.

그 뒤로 한동안 책을 산 기억은 없다. 비가 오면 따뜻한 방바닥에

AI 시대 초등 공부, 책 읽기가 전부다

배를 대고 엎드려 책을 읽고 싶은 마음이 종종 있었지만 사지는 않았다. 경제적으로 여유가 있어서 서점에 가면 한아름씩 책을 사는 친구가 부럽기도 했다. 어렸을 때나 30대 때나 책을 살 만큼의 경제적 여유가 없었던지라, 늘 도서관 가까이 살면서 도서관에서 책을 빌려다 보는 것을 유일한 낙으로 삼았다. 30대 중반부터 폭풍 흡입하듯 책을 읽기 시작했다. 책을 많이 읽기 시작한 계기는 남편의 실수로 경제적으로 몰락하는 사태가 생겼는데, 그때 죽기 살기로 책을 읽었다. 어떤 끌림이었는지는 모르겠다. 성경책을 시작으로 살기 위해 책을 읽었다. 그렇게 만난 책 중에 내 인생을 완전히 바꿔놓은 책이 바로 릭 워렌의 《목적이 이끄는 삶》이었다.

이 책은 내 인생의 터닝포인트가 되었다. 이제는 삶의 목적과 의미가 달라졌다. 나와 내 가정만 잘 살겠다고 땅만 보던 나, 모든 것을 잃게 된 우리 가정, 그동안 내가 잘못 살아왔음을 이 책을 통해 알게 되었다. 책에서 말하는 나는 우연한 산물이 아니라, 분명한 목적을 갖고 이 땅에 왔다고 한다. 나는 책을 샅샅이 읽으며 그 목적이 무엇인가에 대한 해답을 찾으려고 했지만, 책은 나에게 질문만을 남긴 채 끝났다. 나는 그 목적이 도대체 무엇인지 알기 위해 다른 책들을 찾아봐야 했다. 아무리 찾아도 내 인생의 목적을 다른 작가들이 말해주지는 않았다. 단지 계속 찾을 수 있도록 그러면서 나의 시선이 위와 옆을 볼 수 있도록 도와주었다. 나의 좁디좁은 그릇이, 이제는 조금씩 조금씩 넓어지는 느낌이었다.

그러던 어느 날, 깊은 사색에 잠겨 있다가 머릿속에 뭐라 말로 표현할 수 없는 찰나의 빛 같은 것이 지나면서 내 인생의 목적과 방향이 정해졌다. 터널 밖을 빠져나온 느낌이라고 해야 할까? 짙은 안개 속에 있다가 안개가 걷히고 환한 세상을 마주한 느낌이라고 해야 할까? 그때부터 나는 1년에 100권을 목표로 꾸준히 책을 읽었고, 책을 읽다 보니 읽는 것만으로는 아깝다는 생각에 작가가 되겠다는 꿈을 키웠다. 그리고 지금 그 꿈을 이루는 책을 쓰고 있다.

책은 내 인생뿐 아니라 책을 사랑하고, 책을 신뢰하는 사람의 인생을 멋지게 바꿔주는 강력한 힘이 있다. 비단 어른뿐이겠는가? 책은 작은 어린이의 삶과 생각과 태도와 꿈에도 큰 영향을 미친다. 지난 겨울의 일이다. 예비초등생이 독서 수업을 시작했다. 여자아이였다. 엄마와 상담 왔을 때는 글도 제법 읽을 줄 알았고, 의젓하고 얌전했다. 그런데 막상 수업을 시작하니, 전혀 다른 모습이 보였다. 가장 힘들었던 건 계속 질문을 하는 것이다. 질문이라기보다 자기가 못하겠으니 자기만 봐달라는 것이다. 다른 학생을 봐주고 있는 시간도 견디지 못하고, 자기에게 답변을 먼저 하도록 만든다. 아이는 계속 "이거 몰라요", "어떻게 쓰는 거예요?", "여기다 뭐하는 거예요?", "모르겠어요", "선생님!", "선생님!", "선생님!"…. 정말이지 헬렌 켈러의 설리번 선생님이라면 어떻게 했을지 묻고 싶을 정도였다.

그런데 그 아이가 나와 수업한 지 이제 8개월쯤 되었는데, 지금은 너무 의젓하고, 책도 잘 읽고, 글씨도 글도 아주 잘 쓴다. 책에서 주는 교훈이나 느낀 점도 잘 표현하고, 톡톡 튀는 창의적인 발상도 매우 잘한다. 무엇이 이 아이를 바꿔놓았을까? 교사의 강압적인 태도? 학부모의 개입? 아니다. 독서 수업만 꾸준히 받았다. 책을 읽고, 이야기하고, 느끼고, 생각하는 것을 계속 반복했다. 아이는 책을 읽으면서 서서히 질문해야 할 것과 하지 않아야 하는 규범과 상식, 예의를 깨달았다. 또 다른 사람과 공동체생활을 하려면 어떻게 해야 하는지도 책을 통해 배웠다. 책은 100번 하는 잔소리보다 강력하다. 아이의 생활 습관, 예의를 배우는 데 책만 한 것은 없다.

또 한 아이는 처음 우리 학원에 왔을 때 매우 소심한 아이였다. 중학생이어서 꿈을 물어봤지만, 고개만 절레절레 흔들 뿐 아직 꿈을 찾지도 못했고, 크게 의욕도 없었던 아이다. 그런데 책을 잘 읽는다. 어렵고 지루해할 수 있는 책도 끈기 있게 잘 읽고 읽은 후에 자신의 느낌과 책에 대한 평가도 객관적으로 잘한다. 멋진 문장이 있으면 적고, 모르는 것이나 궁금한 것이 있으면 찾아보고 꼭 알고 넘어간다. 한 권의 책을 완전히 자신의 것으로 만드는 아이다. 지금 그 아이와는 1년 정도 수업했는데, 그 아이에게 꿈이 생겼다. 소설가가 되는 것이다. 글을 쓰는 작가가 되는 꿈을 갖게 되었다.

구시대적 발상으로 글쟁이는 밥 못 먹고 산다고 말할 사람이 있을지 모르겠다. 요즘은 '퍼스널 브랜딩(Personal Branding) 시대다. 즉, 자신을 브랜드화해 특정 분야에서 자신을 먼저 떠올릴 수 있도록 만드는 과정을 말한다. 작가가 된다는 것은 책을 통해 자신의 가치를 높이고 자신을 알리고 많은 사람들에게 인정받는 것이다. 글을 잘 쓴다는 것이 요즘 시대에 얼마나 필요한 능력인지 모른다. 페이스북, 블로그, 카페, SNS 등 모두 글로 시작해서 글로 끝나는 세상이다. 나는 이 아이가 소설가와 작가의 꿈을 갖게 된 것을 축하하며 마음껏 응원해주고, 최선을 다해 도와줄 것이다.

아이가 책을 읽고 꿈을 갖길 원한다면, 엄마가 먼저 책을 읽어야 한다. 책을 통해 생각이 바뀌고, 삶이 바뀌고, 직업관이 바뀌고, 인생이 바뀌는 그 최고의 경험을 먼저 누려봐야 한다. 아이에게 부모가 가보지 않은 길을 말해주기는 어렵다. 더군다나 책이란 것은 눈에 보이고 손에 잡히는 것이 아니지 않은가! 바쁘고 삶에 여유가 없다고 말하고 싶겠지만, 그 시간에 책 안 읽고 다른 일 해도 크게 인생이 나아지지 않는다. 책은 정말 위대하고 강력한 힘을 가지고 있다. 가장 관심 있는 분야의 책부터, 엄마들부터 책을 읽어야 한다. 그러면 아이도 엄마처럼 책을 읽을 것이다. 그래도 정 짬이 안 나 책 읽을 시간이 없다면, 자신의 아이는 꼭 책 읽는 일을 최우선으로 두자. 책을 최우선으로 둔 사람들은 수만 명의 직원들을 거느린 회사의 CEO가 되었다. 수많은 사람들에게 영향을 준 위대한 작가, 인류가 발전하는 데 크게 기여한 과학자 등 많은 역사적 인물들과 훌륭한 리더십을 발휘한 사람 모두 '독서'를 최우선으로 두었다는 사실을 기억하자! 조용헌 박사는 이렇게 말했다.

"운명을 바꿀 수 있는 방법이 있다. 바로 책을 많이 읽는 것이다.

책을 읽으면서 삶과 운명을 변화시킬 수 있다. 독서만큼 자중하고 근신하며 스스로를 돌아보는 일이 없기 때문이다."

2장.

정말
잘 키우고 싶다면
책을 읽혀라

01

평범한 아이가
영재가 된다!

"재주가 없다고 근심하지 마라. 앞으로 나아가면 재주 역시 발전하기 때문이다. 생각이 넓지 못하다고 근심하지 마라. 보고 듣는 것이 넓어지면 생각 역시 넓어지기 때문이다. 그러나 이 모든 것은 독서를 통해서만 얻을 수 있다."

명나라 후기의 학자 고반룡의 말이다. "글쎄요. 아이가 잘하는 게 하나도 없어요", "집중력도 짧고, 산만해요", "책을 그렇게 읽으라고 해도 한 권도 안 읽어요", "수학 문제를 푸는데, 문제를 이해하지 못하는 것 같아요", "커서 뭐가 될 거냐고 물어보면 말을 못 해요. 꿈도 없나 봐요"…. 엄마들이 흔히 하는 말이다. 이 다섯 가지 말을 한 번도 하지 않은 엄마는 훌륭한 엄마다. 그런 엄마는 이 책을 덮어도 좋다. 하지만 자주 사용하는 말이 하나라도 있다면, 이 책을 끝까지 읽어야 한다.

20세기 최고의 천재 아인슈타인은 어려서는 열등생에 가까운 둔재였다. 학교에 제대로 적응하지 못했고, 지진아라고 불렸다. 그는 끝까지 학교를 다니지 못하고 퇴학을 당했다. 대학 입학시험을 준비할 때도 몇 차례나 시도한 후 겨우 입학할 수 있었고, 형편없는 학점으로 가까스로 졸업했다. 그러나 아인슈타인은 열네 살에 칸트를 만나 인문학 독서에 몰두했다. 아인슈타인은 칸트와 아리스토텔레스의 책들을 읽고 토론을 하며 인문학 독서에 빠져 10대와 20대를 보냈다. 학창시절에는 열등생에 지진아, 부적응자, 강제퇴학을 당하는 형편없는 아이였지만, 칸트를 만나서 독서광이 되었고 위대한 과학자가 되었다. 아인슈타인이 '독서'를 하지 않았다면 어떤 삶을 살았을까? 우리가 그의 이름을 알기나 했을까? 둔재 아인슈타인을 천재 아인슈타인으로 바꿔놓은 것은 다름 아닌 열정적인 '독서'였다.

레오나르도 다빈치는 이탈리아 르네상스를 대표하는 화가, 조각가, 발명가, 건축가 등으로 활약했던 천재로 알려져 있다. 레오나르도 다빈치는 다양한 분야에 대한 독서와 관찰로 사물의 본질과 패턴을 이해하고 통찰했다. 그는 회화, 건축, 도형, 광학, 기하학, 식물학, 음악 등 세상의 모든 분야의 책을 읽었다. 결국 독서와 관찰이 그에게 천재라는 수식어를 붙여주었다.

그 외에도 어려서부터 독서광이었던 에이브러햄 링컨, 어머니로부터 특별한 독서 교육을 받았던 볼프강 괴테, 책을 실컷 읽고 싶어서 책방 점원이 되었던 카네기, 열 살 때 셰익스피어 명작들 '영국사', '로마제국 흥망사'를 독파한 발명왕 에디슨, 책 살 돈이 없어서 책 한 권을 읽고, 그것을 팔아 다시 다른 책을 샀다는 벤자민 프랭클린, 다락방에 숨어 책을 보다가 돌보던 가축이 다 도망가버렸다는 뉴턴, '지금의 나를 만든 것은 동네의 작은 도서관'이라고 말했던 빌 게이츠, 평생 독서를 실천하며 한글을 창제한 조선의 위대한 세종대왕, 컴퓨터 바이러스 백신의 발명자 안철수, 책방에 서서 책을 읽다가 주인의 눈치가 보이면 다른 책방으로 옮겼다는 고건 전 총리 등 수많은 CEO와 과학자, 예술가, 작가, 우리나라를 빛내고 발전시킨 많은 위인들 역시 모두가 열성적인 '독서광'이었다.

19세기 독일에서 발달장애를 보이는 미숙아 남자아이가 태어났다. 그의 부모는 아들을 보고 절망했지만, 목사였던 아버지는 이내 아이를 잘 키우겠다는 '사명'을 품고 자신만의 방법으로 교육시켰다. 그의 아들은 3세 때 모국어를 깨우쳤고, 9세 때 영어, 이탈리아어, 라틴어 등 6개 국어를 통달했다. 10세 때 라이프치히대학교에 입학, 13세가 되던 해에 마침내 철학 박사 학위를 받았다. 그는 '세상에서 가장 어린 박사 학위' 소지자가 되었다. 미숙아이면서 발달장애를 갖고 태어난 그 아이의 이름은 요한 하인리히 프리드리히 칼 비테이다. 그리고 아들을 세계적인 천재 법학자로 길러낸 아버지는 칼 비테다. 칼 비테는 자신의 저서 《칼 비테 교육법》에 자신의 교육법을 자세히 소개했다.

칼 비테는 아들을 그 어떤 교육기관에도 맡기지 않았다. 그야말로 요람에서부터 아들이 성장할 때까지 아버지인 자신만의 교육법으로 아들을 키웠다. 주변의 많은 지탄과 공격을 받으면서도 끝까지 자녀 양육에 대한 철학과 가치관을 지켜 미숙아, 발달장애를 가진 아들을 세계적인 천재 법학자로 길러냈다.

우리 주변에서도 가끔 발달장애나 지적장애를 갖고 태어난 자녀를 훌륭하게 키워낸 부모들의 이야기를 들을 수 있다. 우리 아이가 장애를 가졌든 갖지 않았든 모두 평범하다. 태어날 때부터 천재성을 갖고 태어나지 않는다는 말이다. 다만 누구에게 어떻게 교육을 받는가에 따라 아이는 비범한 천재가 될 수도 그렇지 않을 수도 있다.

그렇다면 우리는 어떻게 교육을 해야 하는지에 대한 고민이 생긴다. 우리 대부분은 칼 비테처럼 특별한 교육을 시킬 만한 역량이 없지만, 그것을 대신할 수 있는 것이 바로 '독서'다. 독서 교육은 가정에서 부모가 하는 것이 가장 꾸준히 할 수 있고, 경제적이면서 가장 효과적이다. 많은 부모들이 그 사실을 알고 있지만, 실천을 하지 않으니 그 이유를 알 수 없다.

눈으로 읽고 머리로 생각하는 '독서'야 말로 뇌를 발전시킬 수 있는 최고의 방법이다. 뇌는 인간에게 가장 중요한 부분이다. 사람의 뇌는 쓰면 쓸수록 발달하고, 쓰지 않고 그대로 두면 능력이 점점 퇴보한다. 뇌에 관한 장황한 설명은 생략한다. 여기서 강조하고 싶은 것은 독서가 뇌 회로를 바꾸고, 뇌 속에 새로운 길을 내는 중요한 역할을 한다는 것이다. 가장 부작용 없이 뇌 회로를 바꾸는 최적의 방법이 독

AI 시대 초등 공부, 책 읽기가 전부다

서인 것이다.

실제로 책을 한 줄, 혹은 한 권만 읽어도 뇌는 반응하고 변화한다. 책을 읽을 때, 뇌 회로의 기능을 책임지는 매우 중요한 시냅스가 활발하게 활성화되어 사방으로 연결을 시도한다는 연구 발표도 있다. 한 줄, 한 권을 읽을 때도 뇌 회로가 변화되지만, 집중적으로 독서를 하고, 100권, 500권 이상의 독서를 할 경우, 완전한 변화를 경험할 수 있다. 마치 원래 도로가 해체되고 고속도로가 생겼다는 표현을 하면 맞을까? 신도시가 새롭게 건설되었다는 표현이 적절할 것 같다. 그뿐 아니라 독서를 하면 할수록 새로운 지식을 받아들인 뇌는 뉴런을 활성화시켜 뇌를 신선한 상태로 만들어준다. 내 경우, 바로 이런 뇌 기능의 영향으로 스트레스를 많이 받았을 때, 새로운 책들을 읽고 나면, 스트레스가 해소되며 감정이 평온해지는 경험을 한다.

이해성의 저서 《1등의 독서법》에서는 뉴런과 시냅스를 신이 내린 축복이라고 표현했다. 사람의 뇌는 모두 다르기 때문에 1,000억 개의 뉴런과 1,000조 개가 넘는 시냅스가 외부 정보를 받아서 만들어내는 출력 또한 사람마다 다르다고 한다. 뇌는 가소성이 있어서 마음먹기에 따라 뇌 회로를 얼마든지 바꿀 수 있고, 시냅스가 만들어지는 형태와 연결의 차이에 따라 그 사람의 품성과 지능도 달라지는 것이다. 그 뇌의 회로를 바꾸는 가장 좋은 방법이 바로 독서고, 따라서 독서는 뇌를 바꿀 수 있는 효과적이면서 부작용이 없는 단 하나의 방법이라고 책에서는 자세히 설명하고 있다.

천재나 영재는 태어날 때부터 천재나 영재로 태어나는 것이 절대 아니다. 그냥 만들어지는 것은 더더욱 아니다. 뇌의 가소성 법칙에 따라 책을 읽으며 눈과 머리를 부지런히 움직여 뇌 회로가 활발하게 활동하고 서로 연결하며 계속적으로 신선한 뇌의 상태로 만들 때, 드디어 천재, 영재, 예술가, 과학자, 미래학자 등 성공한 사람이 탄생되는 것이다.

책을 읽히지 않는 것은 아이의 뇌를 늙은이의 뇌, 정지한 뇌로 만든다는 이야기나 다름없다. 아이의 뇌가 매일매일 새로운 지식으로 신선한 뇌가 되도록 해주는 것은 결국 부모의 역할이다. 평범한 아이가 영재가 되는 유일한 비법은 바로 책을 읽는 것이다!

가장 무지한 부모는
책을 읽히지 않는 부모다

내 부모는 무지했다. 부모의 무지함으로 나는 지름길이 아닌 가장 먼 길로 돌고 돌아왔다. 시간도 많이 걸렸고, 지치고 힘들었다. 그나마 다행인 건 이제라도 제 길에 올라섰다는 것과 내 아이에게 무지한 엄마는 아니라는 것이다.

가난하고, 먹고살기에 급급했던 친정 부모님은 책 한 권 사주거나, 읽으라는 말을 하지 않았다. 아니 어쩌면 책을 읽어야 하는 중요성을 몰랐다는 표현이 더 맞겠다. 그분들도 그렇게 자랐으니까 말이다. 부모님이 책을 읽는 모습은 보지 못했다. 나이가 드시고서야 어머님은 성경과 일 년에 몇 권의 책을 읽으셨다. 한 몇 년, 독서에 심취하셨지만 곧 눈이 침침하고 책을 오래 보면 머리가 '띵' 하다며 지금은 성경 읽기만 꾸준히 하시는 것 같다. 그것도 어딘가, 지금도 훌륭하시다.

아버지는 내가 한번씩, "책 읽으세요. 성경책 읽으시면 좋잖아요" 하며 책 읽기를 권해드리면 손 사레를 치시면서 "책은 나하고 안 맞아!" 하신다. 피식 웃음이 나온다. 처음부터 책이 맞는 사람은 없다. 누구나 책을 처음 읽으려고 하면 무슨 책을 읽어야 할지부터가 고민이 된다. 그러다 아예 책 읽기를 포기한다. 또 어렵게 결심하고 책을 읽기 시작하는데, 무슨 말인지 통 이해가 안 가니 읽다가 또 금방 포기한다. 어린 아이들도 마찬가지다. 부모가 읽어줄 때는 그나마 집중하고 재미있게 잘 듣지만, 한글을 떼고 혼자 읽기를 시키면 읽기 싫어서 꾀를 피우고 책 읽는 것을 힘든 일이라고 생각한다.

그렇게 나는 책과는 거리가 먼 부모님의 양육을 받으며 자랐다. 책을 좋아하는 나는 책 한 권 사주지 않은 부모님이 많이 원망스럽고, 야속했다. 책이 많은 친구를 부러워했고, 가정환경조사를 할 때, 집에 책이 없다는 것을 친구들이 알게 되어 수치심을 느꼈고, 자존심이 상했다. 그렇게 중학교, 고등학교를 기억나는 책 몇 권 없는 상태로 졸업하고, 성인이 되었다. 그리고 결혼해서 큰아이, 딸을 낳았다. 나는 이 아이를 어떻게 키울 것인가? 고민했다. 잘 키우고 싶었다. 그때까지도 나를 잘 키워준 것 같지 않은 부모님에 대한 원망과 미움이 있었다. 그래서 더욱 내가 낳은 내 자식, 내 딸은 나처럼 살지 않도록 키우겠다는 칼 비테와 같은 사명감이 생겼다. 그때부터 나는 책을 읽기 시작했다. 집을 이사할 때도 도서관이 가까이 있는 곳으로 이사했다. 맹자의 어머니처럼 말이다.

AI 시대 초등 공부, 책 읽기가 전부다

주말이면 거의 대부분을 도서관에서 보냈다. 책도 열심히 읽어주었다. 어렸을 때 책이 없어서 책에 대한 굶주림이 있던 나는 '사막에서 오아시스'를 만난 격으로 도서관을 누비며 다녔다. 그런데, 아이는 내가 기대한 만큼 책을 좋아하지 않았다. 책을 고르라고 하면 '쭈뼛쭈뼛' 하고는 잘 고르지도 못하고, 읽으려고 하지도 않았다. 여기서 대부분 많은 엄마들이 아이들 독서습관을 들이려다 포기한다. 그런데 한 가지 알아두자. 사람의 뇌는 책 읽는 것을 좋아하지 않는다. 책을 읽으려면 눈은 움직이고 머리에서는 생각을 하게 되어 있다. 생각을 한다는 것은 머릿속에 있는 뇌가 모두 활발하게 움직여 일을 한다는 것인데, 누구든지 가만히 있는 게 편하지 일하고 싶은가! 뇌도 마찬가지다. 그러니 당연히 책을 읽으려면 힘들고, 하기 싫은 것은 어른이나 아이나 마찬가지다. 처음부터 많이 읽기를 바라기보다 오히려 멈추는 것을 경계하며, 습관이 생길 때까지 꾸준히 일관성을 가지고 노력해야 한다.

'결핍이 나를 성장 시킨다'는 말이 있다. 이 말은 나에게 큰 위로가 되어주었다. 나에게 맞는 말이다. 책을 좋아하는 나는 마음에 큰 결핍을 안은 채 성인이 되었고, 아이를 낳아 키우면서 아이를 위해서, 또 나를 위해서 마음껏 책을 읽으며 결핍을 채워나갔다. 그렇게 나도 내 아이도 성장했다. 나는 책을 읽을수록 스스로가 똑똑하고 현명해지는 것을 느낄 수 있었다. 앞서 말한 나의 뇌가 항상 '신선한 상태'로 유지되는 느낌을 느낄 수 있다. 그러면서 새로운 분야의 책도 과감하게 읽어본다. 몰랐던 분야를 새롭게 알아가는 즐거움이야 말로 신선한 충격이 아닐 수 없다. 그야말로 책을 읽으니 '다재박식'해져가고 있는 나를 발견하게 된다.

둘째를 키울 때는 책을 더 많이 읽었다. 하고 있는 공부도 여러 가지였고, 책을 쓰는 것이 꿈이었기에 하루도 책을 손에서 놓는 일 없이 읽었다. 그랬더니 둘째 아들은 지금은 시키지 않아도 스스로 책을 읽는 습관이 생겼다. 물론 읽어주고, 읽으라고 할 때도 있지만, 대체로 책을 좋아하는 아이로 잘 자라주는 것 같다. 아들과 나는 서재를 갖고 있다. 집의 방 하나를 서재로 꾸며서 그 서재에서 아들과 함께 책도 읽고 이렇게 글도 쓴다.

영국의 철학자이자 경제학자인 존 스튜어트 밀은 아버지와 같은 서재에서 공부하고 독서했다고 한다. 존 스튜어트 밀은 세 살 때부터 열네 살이 될 때까지 11년 동안 고전, 역사, 논리학, 수사학, 경제학 등을 아버지에게서 배웠다. 열다섯 살 때 이미 당대의 지식인 대열에 올라 있었다. 밀은 자서전에서 어린 시절 아버지로부터 인문고전 독서 교육을 받았던 덕분에 또래들보다 최소 25년 이상 앞서나갈 수 있었다고 고백했다.

세계적으로 손꼽히는 부자이자 마이크로소프트사의 창립자인 빌 게이츠의 부모는 빌 게이츠가 내성적으로 자라지 않도록 도왔고, 빌 게이츠가 원하는 책이라면 무조건 사줬다고 한다. 훌륭한 자녀 뒤에는 반드시 훌륭한 부모가 있기 마련이다.

1. 부모도 책을 읽고 자녀도 책을 잘 읽는다.

2. 부모는 책을 읽으나 자녀가 책을 안 읽는다.

3. 부모는 책을 읽지 않지만 자녀는 책을 읽는다.

4. 부모도 책을 읽지 않고 자녀도 책을 읽지 않는다.

　1번은 매우 훌륭한 가정이고, 2번은 그래도 훌륭한 가정이며, 3번은 훌륭한 가정이 될 확률이 높은 가정, 4번은 매우 심각한 가정이다. 부모로써 한번 돌아보면 좋겠다. 물론 책 안 읽힌다고 큰일이 나는 건 아니지만, 책을 읽느냐 안 읽느냐에 따라 아이 미래의 성패가 갈린다. 이것만은 확실하다. 나도 책 안 읽히는 부모에게서 자라 족히 20년은 뒤처진 인생을 살고 있다는 느낌을 지울 수 없었다. 그리고 그 뒤처진 20년의 세월을 잡기 위해 정말 밤낮없이 달려왔다. 그렇게 힘들게 달릴 때, 부모에 대한 내 마음이 존경심이었겠는가? 존 스튜어트 밀은 부모가 책을 읽혀 스스로 말하기를 25년을 앞서나갈 수 있었다고 하지 않는가? 자녀를 잘 키운다는 무엇일까? 자녀에게 존경받는 부모는 어떤 부모일까? 잘 키우지는 못해도 적어도 원망을 받는 부모는 되지 말자.

03

정말 잘 키우고 싶다면
책을 읽혀라

　최근 지인이 출산을 앞두고 출산용품들을 장만하는 중에 함께 그 자리에 있다가 자연스레 유모차 가격을 알게 되었다. 유모차 한 대 가격이 200만 원이 넘었다. 입을 다물지 못할 가격이다. 나도 늦둥이를 낳았기 때문에 불과 11년 전에 출산용품을 준비했는데, 그때만 해도 제일 비싸야 100만 원이 넘는 정도였던 것 같다. 그런데 조그마한 갓난아기가 타는 유모차 한 대가 250만 원이라니 놀라지 않을 수 없다. 지인은 더 놀라운 이야기를 해준다. 황실 유모차라고 해서 최저가로 구매한다고 해도 580만 원 하는 유모차도 있다고 한다. 그뿐만이 아니다. 아기요람이며, 카시트며, 젖병까지 최고급으로 준비해놓고 태어날 아기를 맞이한다. 아기는 자기가 최고 대접을 받는다는 사실을 알면 얼마나 기분이 좋을까?

　책도 마찬가지다. 아기가 태어나면 책도 많이 읽어주고, 스마트폰이나 TV는 되도록 안 보여주겠다면서 야심차게 비싼 책과 놀이세트를 서슴없이 구매한다. 책은 세트로 구매해도 유모차 가격보다 비싸지 않다. 돈만 있으면 무엇이든지 할 수 있는 '엄마 천국! 아가 천국!'이다. 결혼도 안 하고, 아기도 안 낳는 저출산 시대에 저렇게 아기를 낳아 잘 키워보겠다는 젊은 엄마, 아빠의 마음이 너무 예쁘고 귀하다. 저 마음으로 쭉 잘 키우기를 바랄 뿐이다.

요즘은 코로나19로 인해 지역도서관이 휴관된 곳이 많지만, 코로나19 이전에 도서관에 가면 유아 자료실에서는 엄마들이 아이에게 책을 열심히 읽어주는 모습을 볼 수 있었다. 주말에는 아빠들이 자기 아이에게 책을 읽어주는데 얼마나 다정하고 자상하게 읽어주는지 마치 남자 성우나 남자 구연동화작가 같은 아빠들이 참 많다. 아파트 단지 곳곳에서도 아빠들이 아들과 야구도 해주고, 배드민턴도 치면서 온 가족이 즐거운 시간을 보내는 걸 보면, 요즘 아빠들 참 대단한 부성애를 가졌다는 생각을 한다.

나도 그랬고, 앞서의 지인도 그렇고, 아이에게 책을 읽어주는 엄마나 아빠, 함께 놀아주는 아빠, 모두들 아이를 잘 키우겠다는 마음은 똑같다. 그런데 우리는 왜 아이가 커갈수록 잘 키우는 것 같지 않고, 우리의 사명감도 서서히 식어가는 걸까? 그리고 대체 무엇을 어떻게 해야 잘 키웠다고 말할 수 있을까?

더군다나 인공지능 시대를 살아가야 할 우리 아이들이다. 이제껏 우리가 배워온 지식과 상식만을 가르쳐서는 앞으로의 변화에 적응하지 못할 것이다. 그렇다면 우리 어른들은 아이들에게 무엇을 가르쳐야 할까? 이 질문에 대답하기 위해서는 미래를 예측해볼 필요가 있다. 이미 많은 인공지능 연구자와 IT업계 종사자들이 인공지능 시대에 일어날 변화를 다음과 같이 예측하고 있다. 인공지능 시대를 살아갈 우리 아이를 잘 키우려면 꼭 알아둘 필요가 있다.

1. 기존 업무 대부분은 인공지능으로 대체된다.
2. 대신 인간만이 할 수 있는 새로운 일이 생겨난다.
3. 제조·유통 과정에서 발생하는 인건비 급감으로 물가가 내려가고, 전 인류의 생활 수준이 놀랄 만큼 향상된다.
4. 인공지능과 공존하는 일상이 당연해진다.
5. 인간의 작업 시간과 양이 압도적으로 줄어 시간이 남는다.
6. 실업자가 늘어나고 그 대책으로 국가가 최저 생활 수준을 보장할 가능성이 있다.
7. '돈을 위해 산다'가 아니라 '행복을 위해 산다'가 많은 사람들에게 동기부여된다.
8. 사회활동이나 NPO(비영리단체) 등이 더욱 활발해진다.
9. 실제 사회와 유대감이 적을수록 가상현실 세계에서 '행복'을 찾는 사람이 늘어난다.

2045년을 예측한 것이지만 2020년의 현재 코로나19 사태로 인해 모든 일들이 더 빠르게 앞당겨질 듯하다. 우리는 이제 앞서의 예측을

토대로 우리 자녀를 교육하고 대처해야 한다. 그러기 위해 진노 겐키의 저서 《인공지능 시대를 살아가는 우리 아이 키우는 법》에 실린 다음과 같은 상황도 함께 참고해두자.

- 어릴 때부터 꿈꿔온 일이 없어진다.
- 학력으로만 일자리를 찾지 못할 수 있다.
- 지시대로만 일하는 사람은 즉각 해고된다.
- 컴퓨터를 못 다루는 것은 읽고 쓰기를 못하는 것과 동일하다.

AI 시대 가장 많이 언급되는 것이 일자리다. 기존의 업무 대부분을 인공지능이 처리하기 때문에 새로운 일자리를 창출하거나, 또는 실직자로 국가에서 최저 생활수준을 보장해주는 '기본소득'을 받으며 살거나 둘 중 하나일 것이다. 우리는 이번 코로나19 사태로 인해 이미 전 국민이 '재난기본소득'을 국가로부터 받았다. 적응 안 되는 일이었다. 국민이 나라에 세금을 바치면 바쳤지, 나라에서 돈을 주리라고는 그 누구도 생각하지 못했던 일이다. 하지만 이 일은 그냥 가볍게 지나칠 일이 아니라고 미래학자들은 말한다. 조만간 우리 사회에 일어날 일이 미리 실현된 것이라고 말한다.

'나라에서 기본소득을 주니 그냥 놀고먹으면 좋겠네!'라고 생각하는 사람도 있을지 모르겠다. 하지만 이것은 심각한 일이다. 인간으로서 자신에게 주어진 능력과 재능을 자신과 다른 사람과 사회에 나누며, 그 안에서 성취감과 기쁨, 보람 등을 느끼며 사는 것이 마땅하다.

멀쩡한 사람이 하루 24시간 1년 365일 하릴없이 지낸다고 생각해보라. 얼마나 무가치하고 무의미하겠는가. 그런 사람들은 무기력하고, 우울증에 시달릴 것이다. 어쩌면 AI 의사에게 치료받고, AI 상담사에게 상담받아야 하는 상황이 벌어질 것이다. 끔찍하고 암담한 일이다.

반대로, AI와 공존하면서 인간만이 할 수 있는 새로운 일을 찾는 사람은 반드시 살아남는다. 그리고 이전 시대보다 더 많이 누리고, 더 많이 여유로운 생활을 할 것이다. 이제는 일에 대한 가치기준이 그동안에는 '돈'을 위한 것이었다면, 이제는 '행복'을 위한 것이 될 것이다. 유명 대학 입학과 고학력이 아무런 의미가 없는 시대가 올 것이다. 더군다나 시키는 대로만 일하는 사람, 창의성 없고, 유연하지 못하며 융통성 없는 사람은 일할 곳이 없게 된다. 컴퓨터와 IT기기는 당연히 능수능란하게 다룰 줄 알아야 한다.

시대가 바뀌었다. 이제는 인공지능 시대다. 코로나19 이후(AC) 시대다. 기존 교육방식은 무너져내렸다. 이제 모든 것을 새롭게 세팅해야 한다. 아이를 잘 키운다는 것은 우리 아이가 미래에 잘 살 수 있는 사람으로 키우는 것이다. 이것이 부모의 의무이자 사명이다. 미래에 잘 살 수 있는 아이란 인공지능과 공존할 수 있는 아이, 인공지능을 다스릴 수 있는 아이다. 또한 인공지능에게는 없는 인간만이 갖는 고유의 능력을 가진 아이다. 이것을 부모가 키워줘야 한다. 아무리 많은 정보를 처리하고, 인간이 도저히 따라갈 수 없는 놀라운 능력을 가진 인공지능이라 할지라도 사람에게 흐르는 따뜻한 피는 절대 흉내낼 수 없다. 인간에게만 흐르고 있는 따뜻한 피와 온정으로 다른 사람을 공감하는 일을 찾아서 한다면 우리 아이는 절대 실직자로 '기본소득'을 받는 일 없이 당당히 살아가게 될 것이다.

이제 갓 태어나 세상을 전혀 이해하지 못하는 아이에게 500만 원짜리 유모차가 무슨 의미가 있을까? 아무리 비싼 유모차를 타고 VVIP 대접을 받으며 자란다 해도, 미래를 살아갈 준비가 되지 않는다면 무슨 소용이 있을까? 지금의 우리 아이들은 시대가 바뀌는 과도기에 놓여 있다. 지금 중요한 것은 어른들이 발 빠르게 아이들의 미래를 준비해주는 것이다.

미래를 준비하는 답이 바로 책 속에 있다. 책을 읽을 때 새로운 꿈이 생긴다. 책 속에서 만나는 다양한 인물들을 통해 자기가 가야 할 곳, 가야 할 방향, 해야 할 일을 발견하게 된다. 책을 읽으며 뇌 회로가 변경되고, 우리 아이 뇌에 새로운 도시가 탄생한다. 이제 주입식 교육을 받은 아이는 도저히 살아남을 수 없는 시대가 왔다. 이제 정해진 답은 없다. 아이가 스스로 자신의 행복을 찾아, 자신의 일을 창출해내야 한다.

지금 이 말을 듣는 부모들은 막연할지 모른다. 왜냐하면 자신들의 삶은 그렇게 찾은 것이 아니기 때문이다. 그 시대에는 정해진 답이 있었다. 이만큼 공부하면 어디, 이만한 자격을 갖추면 어디, 이 정도 점수면 이 대학, 모두 정해져 있었다. 하지만 지금은 그런 상식과 답이 무너졌다. 대신 그만큼 더 다양하고, 더 넓은 세계가 펼쳐질 것이다. 폭 넓은 사고로 준비한다면 말이다.

이제 부모들은 아이가 관심 있는 분야의 책을 꾸준히 읽도록 도와주자. 더 많은 정보와 다양한 세상을 책을 통해 경험하게 해주는 일, 그것이 바로 AI 시대에 맞는 아이로 잘 키우는 일이 될 것이다. 명심하자. '세계적으로 성공한 사람들은 의외로 단순하고 심플하다.'

초등 공부 성공 비법은
책 읽기에 있다

작년 겨울부터 나와 독서 수업을 시작한 아이 이야기다. 초등학교 3학년 남자아이로 수학을 썩 잘하는 편이다. 연산 문제집을 푸는데 벌써 분수와 소수의 곱셈, 나눗셈을 상당히 잘한다. 자기 스스로도 '나는 똑똑해!'라는 자신감이 넘치는 친구다.

수업 첫 날, 이 아이의 수준보다 조금 낮은 책부터 시작했다. 쉽게 잘 읽었다. 책 읽는 속도도 빠른 편이다. 다음 날도 다음 날도…. 2주 정도 쉬운 책 읽기가 끝났다. 썩 잘 읽는 편이니 그다음 단계의 책을 읽도록 했다. 잘 읽는 것 같았지만, 대충 읽고 있다는 느낌이 들었다. 그리고 아이가 일상 대화를 할 때, 말을 잘 못 알아듣는다는 것을 깨달았다. 무슨 말을 하면 자꾸 "네?", "네?" 하고 되묻는 일이 많고, "무슨 말이에요?", "뭐라고 하는지 모르겠어요" 하며 내 말을 못 알아듣는 때가 많아서 소통이 잘 안 된다. 내가 영어로 말한 것도 아니고,

중국말로 한 것도 아닌데 말이다. 다른 아이들에게 똑같이 물어보니 다른 아이들은 다 알아듣는다. 나는 아이의 막힌 부분을 알아챘다. 아이는 어휘가 약한 아이인 것이다. 특히 자기보다 나이가 많은 사람들과의 대화가 어려웠다. 어른들이 쓰는 단어나 문장은 더 다양하고 어려운 것이 사실이지만, 보통 아이들은 상황의 앞뒤 맥락과 연결해서 자동적으로 유추해 이해하는데 이 아이는 그 유추가 안 되는 것이다. 그렇다고 책을 읽은 후 내용을 이해하지 못하거나, 글을 쓰는 데 어려움을 느끼는 아이도 아니었다. 눈여겨보지 않으면 썩 똑똑하고, 기초가 잘 닦여진 아이로 보인다. 하지만 나는 아이의 막힌 부분이 어휘와 관용어를 이해하지 못하는 데 있다는 것을 알고는, 그 부분을 해결해주기 위한 맞춤지도를 시작했다. 아이가 책을 읽을 때, 한 장, 한 장 넘길 때마다 말했다.

"이 낱말은 무슨 뜻인지 알아?"

"아뇨. 몰라요."

"이건 옛날에 썼던 말인데 이해할 수 있겠어?"

"아뇨. 모르겠어요."

"이 직업은 무슨 일을 하는지 아니?"

"응, 이런 직업 처음 들어보는데요."

이러한 대화가 이어졌다. 아이는 모르는 것이 많았다. 또래 평균에 비해 훨씬 못 미칠 정도로 어휘와 일상대화를 이해하는 수준이 낮았다. 그러면 소통은 불통이 되는 것이다. 매 수업시간마다 이렇게 묻고, 알려주며 수업을 하고 있지만, 기억력이 좋지 않아 가르쳐줘도

AI 시대 초등 공부, 책 읽기가 전부다

잊어버리고 또다시 물어볼 때가 한두 번이 아니다. 나는 이 아이가 수학을 잘하는 것이 신기해서 물어 보았다.

"○○아, 수학 선생님이 그러는데, 수학을 그렇게 잘한다면서?"

"수학 잘하는 거 아니에요. 연산을 잘하는 거지….."

맞다. 아이는 정확히 자신을 파악했다. 우리 어른들은 아이가 덧셈, 뺄셈, 곱셈, 나눗셈을 잘하면 수학을 잘한다고 말한다. 수학에서 사칙연산은 기본이고 진짜 수학의 모든 유형 문제를 잘하려면, 어휘가 선행되어야 한다. 아는 어휘의 수만큼 독해실력이 좋아지는 것이다. 독해실력이 좋다는 것은 긴 문장을 읽고 이해하는 능력이 좋다는 것이니, 수학뿐만 아니라 사회, 과학에도 꼭 필요한 능력이 바로 독해 능력이다.

사실 초등학교 공부량은 그다지 많지 않다. 1년에 6개 정도의 개념을 한 학기에 3개씩 알고 가는 것이니, 조금만 공부해도 따라가야 하는 것이 초등 공부다. 초등 공부의 양을 따라가지 못하면 중학교에 가서는 아예 뒤처지게 되고, 고등학교에 가서는 상상하고 싶지 않은 일이 벌어지고 만다. 그래서 초등 공부가 중요한 것이고, 이 시기에 기초를 튼튼히 해주어야 한다. 그런데도 불구하고 많은 엄마들이 아직도 무엇이 중요한지 모르고 집에서 책을 한 권도 안 읽히니 아이들을 교육하는 입장에서는 답답하기 그지없다. 수학에서 연산 잘하고, 말을 잘한다고 속지 말자. 정말, 강조하고 또 강조해서 말하고 싶다.

아이가 어렸을 때는 모두가 정성들여 아이를 잘 키운다. 아이가 조금 크면서 우리 뜻대로 안 되고 귀찮게 하면 엄마들의 정성이 조금씩 시들해진다. 또 아이가 유치원이라도 가면 마치 유치원에서 모든 것을 다 해주는 줄 알고, 그때부터 엄마가 손을 떼기 시작한다. 한글이라도 줄줄 읽기 시작하면 다 큰 아이들도 아니 어른들도 스스로는 책을 안 읽는 판에 혼자 책 읽으라며 '독립읽기'를 시킨다. 초등학교에 보내놓으면 어떤가. 이제는 수학이 중요하다며 창의수학, 영재수학, 놀이수학, 별별 곳에 다 보낸다. 그러면서도 역시 책은 한 권도 안 읽힌다. 수학을 조금 한다 싶으면 이제는 영어를 잘해야 한다며 영어학원을 보낸다. 그것도 원어민 선생님하고 소통해야 좋다고 동네 맘카페를 샅샅이 뒤져서 맘카페 추천 원어민 영어선생님께 보낸다. 이제는 아이가 바빠서 책 읽을 시간도 없단다.

정말 '앙꼬 없는 찐빵'이고, '고무줄 없는 빤스'다. 중요한 것이 뭔지는 아는 것 같은데, 정작 무엇이 먼저인지를 모르는 것 같다. 수학에 앞서 읽기다. 영어에 앞서 읽기와 말하기다. 모든 공부는 읽기, 말하기, 쓰기, 듣기로 되어 있다. 기본이지 않은가? 그런데 읽기가 안 되는 아이에게 수학 문제를 읽으라고 하는 격이다. 한국말 듣기도 아직 안 됐는데, 일찍부터 귀가 열려야 한다면서 영어가 먼저다. 우리나라 언어, 즉 어휘를 알아야 영어단어를 이해하고 외울 수 있다.

예를 들어 '사색'이라는 낱말이 있다고 하자. 아이가 사색이라는 우리나라 말을 제대로 알아야 영어의 'contemplation'을 알지 않겠는가? 저학년의 경우, 우리말 '조언'을 영어로 외운다고 하자. 저학년 아이라면 조언이라는 말이 무슨 말인지 모르는 아이가 더 많은데, 단어시험을 본다고 하니까 무조건 'advice' 하고 외워서 그날 단어시험을 100점 맞았다고 하자. 'advice'라는 단어를 어디에 어떻게 사용할수 있을까? 아이가 수학과 영어를 잘하기에 앞서 가장 기본이 되는 것은 우리나라 말이어야 한다는 것이다.

몇 년 전 나는 한동안 수세미 뜨기에 빠져 있었던 적이 있다. 복슬복슬하고 알록달록한 수세미실을 색색으로 사다가, 이 색, 저 색, 조화를 이루어가며 예쁜 수세미를 떴다. 다 완성되면 내가 좋아하는 사람들에게 나눠주는 재미가 쏠쏠했다. 받는 사람들은 별것 아닌데도 내가 손수 떴다니 많이들 좋아해주었다. 좋아하니 또 떠주고 싶은 마음에 한동안 수세미 뜨개질을 했다. 초등학생 아이들에게 독서란 이런 것 같다. 수세미를 뜰 때 처음에는 사슬코라는 작은 구멍을 10개 정도 만든다. 그것을 동그랗게 말아 한 단, 한 단 뜬다. 한참을 뜬 것 같은데 수세미로 쓰기에는 작아서 한 단, 한 단 또 뜬다. 그렇게 한참을 뜨고 나면 어느새 넓고 커다란 예쁜 수세미가 탄생한다. 독서도 그렇다. 한 권, 한 권 성실하게 여러 권 읽었는데 아무 효과가 없다. 또 한 권, 한 권 싫다는 아이 보상까지 해주면서 억지로 붙잡아 앉혀놓고 읽혔는데 성적이 오르기는커녕, 스트레스를 받고 아이와 관계만 나빠졌다. '에이 아무 소용없네. 그럼 그렇지, 공부머리 타고 태어난 애들 말이지. 우리 애는 아무리 읽혀도 소용없어. 더 크면 자기가 알아서 읽겠지. 조금 기다려 봐야겠다' 하며 읽혀보지도 않고, 아이 가슴에 불도 당겨지지 않았는데 책 읽히기를 포기하는 엄마들이 많다.

책은 몇 권 읽었다고 금방 좋아지지 않는다는 것을 꼭 기억해두고 책 읽히기를 시작해야 한다. 하지만 '가랑비에 옷 젖는다'는 말이 있듯이 서서히, 서서히 아이의 뇌와 심장으로 번져나갈 것이다. 책 읽는 습관이 아이의 몸에 배었다 싶으면 아이의 태도부터 달라진다. 집중하지 않았던 아이가 집중하게 되고, 산만했던 아이도 점잖게 되고, 말을 잘 못했던 아이가 자기 의견을 말하게 되며, 자신이 아는 것이 많다 보니 자존감도 덩달아 높아진다.

초등학교 선생님이 쓴 책들을 보면 공통적으로 초등학교 시절 공부를 잘하지 못해도 폭넓은 독서를 꾸준히 한 아이는 중·고교에 가서 상위권으로 치고 나가는 경향이 있다는 말을 많이 한다. 독서는 지금 당장 시험의 정답을 알려주지는 않는다. 독서는 공부의 기초체력을 키워주는 것이다. 초등학생 때 쌓은 기초체력으로 아이가 대학까지 갈 힘을 얻는다고 생각하면 이해가 될까? 우리 아이에게 오래오래 쓸 수 있는 기초체력을 쌓아주는 시기가 바로 지금이다! 지금이 가장 한가하고 여유로운 시간이며 기초체력을 쌓기에 가장 중요한 시기임을 잊지 말자. 무슨 일이든 지금 하지 않으면 안 되는 '적기'라는 것이 있다. 적기를 놓쳐서 다른 시기에 한다면 시간도 오래 걸리고, 비용도 더 많이 든다. 지금 책을 읽히는 것이 바로 공부의 성공 비법이다.

AI 시대 초등 공부, 책 읽기가 전부다

책만 잘 읽혀도
초등 공부 반은 성공이다

앞에서는 초등학교 저학년 위주였다면 이제부터는 고학년 위주로 이야기를 해보려고 한다. 각종 언론과 조사에 따르면 우리나라 학생들의 읽기 능력 수준은 낮은 것으로 나타났다. 만 15세 학생 세 명 중한 명은 일상생활이나 학업을 위한 최소한의 읽기 능력조차 갖추지 못했다고 한다. 기초 읽기 능력의 6단계 중, 가장 하위인 1~2단계를 차지한 학생이 전체의 33%나 된다고 한다. 전문가들은 이렇게 문해율이 낮은 현상의 원인을 교과서나 문제집 그리고 미디어학습 환경의 발달로 보고 있다. 학생들이 가장 많이 읽고 이해해야 하는 교과서나 문제집의 문해력 수준이 높아져서 아이들이 읽기를 어려워하는 것으로 보고 있다. 그리고 미디어학습 환경과 다양한 영상매체들로 인해 아이들이 글보다 영상으로 정보를 습득하는 환경 때문에 읽기 실력이 나아지지 않는다. 이로 인해 초등학교 고학년과 중학생은 수학과 영어뿐만 아니라 국어 점수도 하락하고 있다. 또한, 배운 내용을 20%도 이해하지 못하는 '기초학력 미달' 학생은 매년 증가하는 추세라고 한다.

전안나의 저서 《초등 하루 한 권 책밥 독서법》을 보면 2016년에 〈경향신문〉에서 OECD 22개국을 대상으로 문해력을 조사한 적이 있는데, 안타깝게도 우리나라는 문해력이 가장 낮은 나라였다고 한다. 그렇다면 반대로 문해력이 가장 높은 나라는 어디였을까? 바로 노르웨이, 덴마크, 핀란드, 캐나다, 미국 순이었다고 한다. 전문가의 분석에 따르면 대한민국 사람들이 글을 읽을 줄은 알지만, 책을 읽지 않아서 문해력이 낮다는 것이다.

이렇듯 모든 학습의 바탕은 읽기를 통한 이해다. 읽기는 언어 능력이다. 언어 능력은 모든 학습의 기초가 된다. 그래서 언어 능력이 뛰어난 아이가 학업성적도 우수하다. 언어 능력을 키우기 위해서는 독서가 가장 좋다. 그렇기 때문에 독서를 해야 하고, 독서를 하면 배경지식이 풍부해지고, 또 새로운 정보에 대한 이해가 빨라진다. 책을 읽어야만 읽기 능력을 포함한 문해력이 좋아진다. 뿐만 아니라, 넓고 깊은 사고력이 생기기 때문에 독서는 모든 공부의 시작이자 기초체력이라고 할 수 있다. 그러나 많은 아이들이 학년이 올라갈수록 책을 읽지 않거나 책을 읽는다 해도 건성으로 읽는 경우가 많다.

1년 전, 초등학교 6학년 남자아이를 지도할 때의 일이다. 남자아이답지 않게 굉장히 차분하고 조용한 편에 속하는 이 아이는 수학을 곧잘 했다. 서술형 문제에서 답을 서술을 할 때도 다른 아이들보다 2~3줄 더 쓸 정도로 서술하는 능력이 있다. 그런 모습을 봐서는 누구도 이 아이가 문해력이 낮다는 것은 짐작도 못할 것이다.

독서 수업을 시작한 지 얼마 지나지 않아 나는 아이의 읽기 방식이 잘못되었다는 것을 알아챘다. 아이는 지금까지 4, 5년간 독서논술학원을 꾸준히 다녔다. 그런데도 아이는 책 한 권을 읽는 데 매우 힘들어하고, 또래 평균보다 읽기 속도가 현저히 낮았다. 반면, 어휘와 문장의 이해도는 높았다. 그리고 수학에서 서술형 문제를 잘 풀듯 독서에서도 독후감과 글쓰기는 매우 잘하는 편이다.

보통 아이들은 잘 쓰면, 잘 읽는 경우가 대부분인데 이 아이는 잘 쓰지만 잘 읽지 못했다. 그 원인은 이전에 다녔던 논술학원의 독서 지도 방법에 있었다. 이 아이가 다녔던 논술학원은 주 1회 수업이다. 1주일에 책 한 권을 읽어오면 학원에서 선생님과 질문을 주고받으며 글쓰기 지도를 받는 방식이었다. 문제는 1주일 동안 한 권의 책을 제대로 읽지 않았다는 것이다. 아이는 책 한 권을 가지고 10분 정도 읽다가 졸리면 자고, 어느 때는 읽다가 10분 정도 지나면 스마트폰의 유혹을 이기지 못하고 책을 덮는다. 그렇게 책 표지만 수십 번 폈다 덮었다 반복하면서, 1주일에 책 한 권을 제대로 읽은 적이 없다는 것이다. 내가 질문했다.

"그럼 책을 다 안 읽고 글쓰기를 했단 말이야?"

"네!"

"어떻게 그게 가능하지?"

"선생님이 질문지를 주면, 책 보고 그 질문에 맞는 부분 찾아서 쓰면 돼요."

나는 경악을 금치 못했다. 아이는 자신의 생각을 논리적으로 표현하는 논술을 한 것이 아니라, 질문에 답을 하려고 책을 봤다. 커닝을 한 것이나 다름없다. 독서 수업에서도 답을 찾아 적고, 커닝을 하다니! 독서는 그야말로 창의적인 활동이며 상상의 나라로 마음껏 다녀오는 자유로운 활동이어야 하는데, 아이의 말을 듣고 더 이상 말을 이을 수 없었다. 나는 이제 아이에게 제대로 된 독서, 책을 읽는 즐거움을 주기 위해 맞춤독서를 설계했다.

이 아이에게 당장 필요한 것은 '책은 재미있다'는 것을 느끼게 해주는 것이었다. 그리고 한 권의 책을 읽고 난 후 경험하는 성취감을 맛볼 수 있도록 하는 것이 중요한 과제였다. 역시 쉬운 책부터 시작했다. 1회 수업에 최소한 한두 권을 읽도록 했다. 지금까지 책장만 폈다 덮었다 했던 아이는 이제 짧은 책이어도 자신이 한 권을 다 읽었다는 데 스스로 뿌듯함을 느끼며 책 읽는 즐거움을 알아갔다.

이 아이를 위한 글쓰기 지도는 아무것도 없는 백지를 주는 것이었다. 지금까지는 정답이 있는 글쓰기였다면 이제는 정답이 없는 글쓰기를 지도해야 했다. 처음에 아이는 백지를 주니까 정말 제목만 써놓고는 한 글자도 써내려가지 못했다. 책을 보지 않고 자신의 생각과 느낌을 쓰기가 매우 어려웠던 것이다. 아이는 나와 수업을 하며, 하나씩, 하나씩 달라지기 시작했다. 책을 읽으며 자신의 의견을 마음껏 표현하고 이제는 제법 글자가 있는 책도 50분, 60분 동안 쉬지 않고 읽을 수 있는 지구력이 생겼다. 글쓰기도 이제는 답이 아닌 자신의 생각을 자유롭게 표현할 수 있게 되었다. 비로소 아이는 '책맛'을 제대로 알게 된 것이다.

아이는 중학교에 입학했다. 중학교에 가서는 중학교 교과서도 술술 잘 읽고, 이해했다. 또 낯선 중학 수학도 큰 어려움을 겪지 않고 잘해냈다. 그렇다고 책 읽기를 멈추면 안 된다. 책을 읽지 않으면 뇌가 다시 둔해지고, 멈출 수 있으니 책은 꾸준히 읽어야 한다. 많은 엄마들이 잠시 보낸 독서학원이나, 논술학원에서 아이가 예전에 비해 달라지면 중단하는 실수를 범한다. 다른 학습 때문에 시간을 독서에 투자할 수 없다는 것이 이유다.

아니다. 읽기, 쓰기, 말하기, 듣기 영역은 끝이 있는 것이 아니다. 계속해야 하는 것이다. 실제 어른들의 직장생활에서도 꼭 필요한 영역이지 않은가? 사교육에 의존하지 않더라도 집에서 부모님들이 책 읽기의 중요성을 알고 지도해준다면 두말할 나위 없이 좋다. 아니 그렇게 해야 한다. 그러나 그게 가능하지 않을 경우 사교육의 힘을 얻어서라도 제대로 된 독서 교육을 하는 것이 아이에게는 너무 중요하다. 그리고 독서 습관이 완전히 잡힐 때까지 계속 해야 한다.

초등학교 전 시기에 꼭 필요한 교육은 독서 교육이다. 독서를 통한 읽기, 말하기, 쓰기, 듣기가 아이들이 평생 해야 하는 공부의 기초체력인 것이다. 우리 아이 공부의 성공과 실패는 책을 읽었느냐, 안 읽었느냐에 달려 있다. 이르면 이를수록 좋다. 모든 공부의 기초가 되는 책부터 읽히자. 그것이 공부의 성공 비결이다.

06

공부머리는
다양한 읽기에서 나온다

유독 공부 잘하는 아이가 있다. 엄마가 많이 신경 쓰는 것 같지도 않고, 그렇다고 아이가 책상에만 앉아 공부하는 것도 아닌데, 시험 성적 좋고, 좋은 고등학교 가고, 일류대학에 가는 그런 아이들을 주변에서 더러 본다. 우리는 흔히 이런 아이들을 '공부머리가 좋은 아이'라고 한다. 그런데, 우리 아이는 누굴 닮았는지, 비싼 과외에 좋다는 학원은 다 보내도 성적은 항상 제자리걸음이다. 도대체 뭐가 문제일까? 문제는 바로 언어 능력의 차이다. 언어 능력이 높고, 낮은 데서 공부머리가 좋은 아이가 될 수도 또는 공부머리가 없는 아이가 될 수도 있다.

내가 다녔던 단골 미용실 원장에게는 두 딸이 있었다. 몇 년 동안 다니던 미용실이라 원장에 대해서도 잘 알게 되었고, 아이들도 한두 번은 마주칠 일이 있었다. 그렇게 몇 년 지나다 보니 큰아이가 중3이 되었고, 그다음 해 외국어고등학교에 입학했다. 그리고 3년 후, 서울에 있는 유명대학에 합격했다는 말을 들었다. 나는 궁금했다.

"어떻게 공부시켰어요? 대단하네요."

"저요? 따로 공부시키지 않았어요. 걔는 학원도 안 보냈어요."

"그럼, 과외를 했나요?"

"아뇨, 과외도 딱 한 번인가, 수학 어려워할 때 잠깐 한 것 빼고는 안 했어요."

"그럼 혹시 책 많이 읽어요?"

"네, 책 읽는 걸 좋아하고, 잘 읽어요."

"아, 그렇구나! 공부 잘하는 애들 보면 꼭 책을 잘 읽던데 정말 그런가 보네요."

"저는 계속 미용실 하면서 바쁘지만, 밤에 아이에게 책 읽어주는 일은 잘했어요. 아이가 어렸을 때는 잠들 때까지 책을 계속 읽어줬어요."

"그래요? 그거 쉽지 않은데, 어떻게 그렇게 하셨어요."

"아이도 책 읽어주는 걸 좋아하고, 낮에는 못 놀아주니까 아이가 좋아하는 책이라도 많이 읽어주자 싶어서 잠자기 전에는 옆에다 책을 쌓아놓고 잠들 때까지 읽어줬어요."

이 아이는 아주 어렸을 때부터 엄마가 읽어주는 책을 통해 언어 능력이 높아진 것이다. 이때 '공부머리'가 만들어졌다고 해도 과장된 말은 아니다. 거기에 사고력과 창의력, 지구력이 더해져서 누가 시키지 않아도 스스로 공부할 줄 아는, 말하자면 자기주도학습이 잘된 아이로 자란 것이다. 자기주도학습이 되는 아이는 학원에 다니지 않아도, 과외를 받지 않아도 스스로 공부할 수 있다. 왜냐하면 교과서 읽기가 되는 아이기 때문이다. 많은 아이들이 교과서 읽기를 하지 않는다. 모든 시험과 모든 공부의 재료는 교과서에 있는데 말이다. 아이들이 교과서를 읽지 않는 이유는 딱 한 가지다. 바로 언어 능력이 낮기 때문이다. 언어 능력이 낮다는 것은 결국 책을 많이 읽지 않았다는 것을 증명해주는 것이다. 책을 많이 읽은 아이는 특히 명작동화나, 창작동화, 조금 더 나아가 고전을 읽은 아이는 교과서에 나오는 어휘나 문장들이 쉽게 읽힌다. 그러니 당연히 교과서 위주로 공부를 한다. 교과서는 그 학년의 평균 어휘와 문장으로 이루어졌기 때문에 자기 학년 교과서 읽기를 어려워하는 것은 언어 능력이 평균에 미치지 못한다는 것이다.

정반대의 경우도 있다. 내가 이 아이를 만난 건, 아이가 일곱 살 때다. 초등학교 들어가기 전 한글을 읽지 못해서 지인의 소개로 한글 떼기 수업을 부탁받았다. 요즘 아이들은 6~7세에도 영어로 말하고, 심지어 영어로 노래를 부르는 아이도 있어서, 한글을 못 읽는다고 해도 유창하지 못할 뿐 어느 정도는 읽겠지 싶은 마음에 아이의 지도를 맡았다. 나는 독서를 통해 책도 읽고 한글도 더 잘 익히는 수업을 계획하고 있었다.

그런데 이게 웬걸! 아이는 받침 없는 아주 기본적인 한글도 읽지 못하는 수준이었다. 예를 들면 자기 이름 석 자와 '가', '도', '이', '수' 이런 글자들만 읽을 수 있는 아이였다. '나'와 '너'도 헷갈려 하는 정도였다. 막막하기는 했지만, 글자를 모르면 가르치면 된다. 지금까지 가르쳐서 안 되는 아이는 없었으니까. 그야말로 한글수업이 시작되었다. 그런데 더 큰 문제가 있었다. 아이가 사물을 인지하지 못하는 것이었다. 아이가 아직 어리니까 그림이 있는 책으로 한글을 익히는데, 닭 사진을 보고 '닭'이라는 글자를 가르치려 하면 닭을 모른다는 것이 문제였다. 아이는 '감', '밤' 심지어 '배추' 등 일상적으로 마트만 가면 알 수 있는 사물의 이름을 모르고 있었다. 아이가 이렇게 된 데는 두 가지 원인이 있었다. 엄마, 아빠가 바쁘다는 이유로 그동안 아이에게 책 한 권도 제대로 읽어주지 않아 배경지식이 전혀 없는 것이다. 두 번째 이유는 일상생활에서 '저건 뭐고, 이건 뭐야'라고 부모가 가르쳐줬어도 아이가 그것을 기억해내는 기억력이 많이 부족하다는 것이었다.

나는 이 두 사례를 통해 공부머리를 이해했다. 첫 번째 사례는 당연한 결과다. 단 엄마의 엄청난 노력이 투입되었다. 그 결과 아이는 언어 능력이 높은 아이가 되었고, 어느 학년의 교과서든 문제집이든 이해하고 풀어낼 수 있었다. 그러니 당연히 누군가의 도움 없이 스스로 공부할 수 있는 자기주도학습이 이뤄진 성공적인 사례다.

두 번째 사례에서 부모가 책을 읽어주지 않은 아이가 언어 능력이 낮은 것은 당연한 결과다. 거기에 배경지식까지 없으니 한글을 가르친다 해도 글자만 읽을 뿐, 사물과 글자가 매치가 안 되니 알았던 것도 잊어버린다. 또한 본인의 의지도 중요함을 알 수 있다. 아무리 부모나 좋은 교사가 가르쳐줘도 아이가 그것을 기억하려는 의지가 없다면 공부머리는 생기지 않는다. 이 두 사례를 통해 보았듯 공부머리는 다음과 같은 공식이 성립된다.

유전+본인의 의지+책을 통한 다양한 배경지식+책 읽기를 통한 언어 능력 상승 = 공부머리 = 자기주도학습

공부머리 공식에서 '유전'과 '본인의 의지'는 부모나 다른 사람이 어떻게 해줄 수 없는 부분이다. 그렇지만 책을 읽어주는 것 또는 책을 읽을 수 있는 환경을 만들어주는 것은 어른들의 몫이다. '부모의 부단한 노력이 결국, 우리 아이의 공부머리를 만든다'고 하면 많은 부모들이 항변할까? 그렇지만 사실인데 어쩌랴. 아이가 어릴수록 '공부머리' 키워주는 일에 모든 부모들이 수고를 아끼지 않았으면 좋겠다. 이 일은 아이의 미래를 위한 일이고, 부모의 미래이기도 하다. 정 자신이 없다면, 유능한 독서 지도자에게 아이의 독서 지도를 맡기는 방법도 하나의 대안이다. 부모가 해주지도 않고, 교육도 받지 않은 아이가 중학생이 되고, 고등학생이 된다면 어떤 모습일지 상상도 하고 싶지 않다. 아이가 어릴수록 조금만 노력하면 된다. 하지만, 아이가 클수록 노력은 배가된다. 그러니 하루도 미루지 말고 책을 읽히는 일에 모두 집중 투자하자! 머리는 쓰면 쓸수록 좋아진다. 책 읽기는 머리를 활발하게 쓰는 활동이다. 책을 읽는 일이야말로 '공부머리'로 만드는 유일한 방법이다.

중2병이 걱정된다면
책을 읽혀라

세상에서 가장 세고 무섭다는 중2! 북한 김정은이 중2 무서워서 못 쳐들어온다는 농담이 있을 정도로 무시무시한 중2! 어디로 튈지도 모르겠고 왜 그런지도 통 모르겠는 중2! 외계인인가? 외계어 같은 말만 하는 사춘기, 중2! 우리 아이가 사춘기일까? 중2병일까? 인터넷에서는 한때 '사춘기 테스트'라는 다음과 같은 글을 볼 수 있었다.

- 자신이 최고라고 생각한다.
- 자신의 외모에 대해 불만족스럽다.
- 어른에게 반항한다.
- 감정기복이 심하다.
- 충동적이다.
- 군중심리가 있다.

- 감정조절이 안 된다.
- 성과 이성에 대해 관심이 높다.
- 친구가 가장 중요하다.
- 아무런 이유 없이 우울하다.
- 좋은 친구 관계를 유지하기 어렵다.
- 진로에 대한 고민이 많다.
- 부모와 멀어진다.
- 미래에 대해 불안하고, 희망이 없다고 생각한다.
- 외모에 대한 관심이 높다.

사춘기와 흔히 중2병이라 불리는 아이들에게서 나타나는 대표적 특징이다. 앞서 항목 중 7개 이하에 해당된다면 사춘기, 7개 이상이면 중2병이라 볼 수 있다고 한다. 이는 입증된 명확한 자료는 아니지만, 가볍게 테스트해봄으로써 우리 아이의 정도를 알아보는 것이다. 중2병을 일부 심리전문가들은 청소년우울증, 또는 불완전한 사춘기 우울증이라고 본다. 어린이에서 벗어나 점점 성장해가는 청소년기, 어른은 아니지만 어른처럼 뭐든지 하고 싶고, 해보고 싶은 시기다. 그래서 어른 흉내를 내며 이것저것 시도해보지만 아직 미숙해서 실수가 많고, 불안하고, 압박감을 느끼기도 한다.

이런 심리적인 것 외에도 학업적인 스트레스가 많다. 특히 우리나라 청소년들은 초등학교부터 고등학교까지 쉴 틈 없이 빡빡한 하루하루를 보내려니 다른 선진국 청소년들에 비해 스트레스가 높은 편이다. 어른도 감당하기 힘든 일정을 10대 아이들이 소화하고 있으니 얼마나 힘들지 짐작이 간다. 불행인지, 다행인지 모르겠지만, 코로나19 이후 아이들은 많이 편해졌다. 온라인 수업을 적응해나가느라 그 또한 힘들었겠지만, 코로나19 전보다 심할까 싶은 마음이다.

신체도 변화되고, 정신도 변화되고, 가정이나 사회에서 요구되는 바람도 커지니 한마디로 복잡다양한 시기가 청소년기가 아닌가 싶다. 청소년기를 대표할 수 있는 키워드는 '갈등', '방황', '혼란', '불안'이다. 이때 어른이 해줄 수 있는 것은 많지 않다. 스스로 이 시기를 뚫고 나와야 어른이 되기 때문이다. 단, 어른의 역할은 달라지고 변화하는 청소년들을 대할 때, '쟤가 왜 저래?', '왜 저렇게 갑자기 변하는 거야?'가 아니라, 변화되어가는 과정을 인정해주고 안정감 있게 옆에서 지켜봐주는 것이다. 방황하고 반항하는 청소년들을 바꾸려고 하거나 누르려고 하면 오히려 더 큰 성난 파도처럼 우리를 덮칠 것이다. 파도가 왔을 때 그 파도 물살을 타고 함께 파도가 되는 것이다. 아주 자연스럽게 말이다.

또 하나, 미리 준비하는 것이 가장 좋다. 어떤 아이는 초등학교 3학년부터 사춘기가 올 수 있고, 또 어떤 아이는 중3 혹은 고등학생이 되어 사춘기가 올 수 있다. 이는 아이마다 가정환경과 주변의 영향으로 모두 제각각이다. 우스갯소리로 10대, 20대에 사춘기를 겪지 않은 사람은 40대에도 겪는다는 말이 있다. 그만큼 연령대는 다양하고, 인생에서 꼭 한 번은 겪고 가는 것이 사춘기다.

그런데 이 시기를 조용히 보내는 아이들도 분명 많다. 내 주변에서는 사춘기 자녀로 인해 크게 고생하는 사람을 많이 만나지 못했다. 그렇다면 사춘기를 심하게 겪는 아이와 그렇지 않은 아이의 차이점은 무엇일까? 그것은 바로 삶의 목적과 방향성에 있다. 뚜렷한 목적과 방향이 있는 아이들은 흔들리거나 방황하지 않을 수 있다. 이 시기에 만나는 또래 관계가 중요한데, 자신의 목적과 방향이 없다면 덩달아 친구를 따라가기도 한다. 하지만, 자기의 목적과 방향이 있는 아이는 잠깐의 흔들림과 호기심이 있을지라도 곧 자기 자리로 돌아온다. 어른들도 오늘의 할 일과, 내 삶에서 이루고자 하는 목적이 있을 때 시간을 허투루 쓰지 않고 짜임새 있고 계획적인 삶을 사는 것과 마찬가지다.

나 또한 청소년기와 청년 시절, 앞에서 말한 대로 《목적이 이끄는 삶》이라는 책을 읽기 전까지는 많이 방황하며 살았다. 그렇지만 책을 읽고 내 삶의 목적과 내가 이 땅에 태어난 이유와 사명을 발견한 후에는 한 시간도, 단 하루도 시간을 헛되이 보낼 수가 없었다. 물론 힘들었다. 내 본능이 이끄는 대로 살지 않고 억지로 나를 곧추세우고, 나를 끌고 오려니 힘들고, 많은 에너지를 쏟아야 했다. 나의 열정과 나의 의지가 나를 도와주었고, 달라지고 변해가는 내 모습이 만족스러우니 힘들어도 견딜 수 있었다. 힘든 고비를 넘길 때마다 나의 목적지와 조금씩 가까워지고 있다는 그 기쁨 덕분에 나는 또 견딜 수 있었던 것 같다.

우리 아이들도 마찬가지다. 아직 자신의 할 일을 찾지 못한 것이

AI 시대 초등 공부, 책 읽기가 전부다

다. 그래서 무엇을 해야 할지, 어떻게 살아야 하는 건지 모르기 때문에 갈등하고, 방황하고 혼란스러운 것이다. 그러니까 불안한 마음을 가질 수밖에 없다. 결국 중2병이란 말은 '갈등과 방황과 혼란과 불안'이 마구 섞여 멘탈이 무너져 내리는데, 그것을 바로 세우려는 아이들의 마지막 몸부림이 아닐까 생각된다.

그렇다면 어른들이 해줄 수 있는 일이 딱 하나 있다. 이런 청소년기 시기가 오기 전에 미리 해주면 더욱 효과가 좋다. 암도 일찍 발견하면 조기 치료를 해 흔적도 없이 제거하듯이 사춘기가 오기 전, 미리미리 예방하는 것이 효과가 가장 좋다. 그렇지 못했을 경우 시간은 조금 더 걸리겠지만 불가능한 것은 없다. 아이가 사춘기 전이든 사춘기가 한창이든 아이의 삶의 방향과 목적, 즉 아이가 자신의 인생에서 해야 할 일, 또는 하고 싶은 일 '꿈'을 찾아주는 것을 제일의 목적으로 삼아야 한다. 우스운 이야기로 사춘기 병을 막기 위해 '중2병을 치료' 해준다는 한약도 있다고 들었다. 물론 어떤 약재는 불안을 해소해주고 화를 다스려줄 수 있겠지만 아이의 근본적인 삶의 방향은 절대 잡아줄 수 없다. 이것은 아이 스스로 해야 하는 것인데, 아이 스스로 방향과 목적을 찾도록 도와주는 것이 어른의 역할인 것이다. 가장 좋은 방법은 아이에게 다양한 책들을 소개해주는 것이다.

처음에는 아이의 관심 분야의 책들을 우선으로 읽힌다. 가장 관심 있어 하는 분야의 책을 읽는 것이 중요하다. 엄마의 관심이 아닌 아이의 관심 분야여야 한다. 그것이 어떤 것이든 허용해주어야 한다. 요즘 아이들의 관심 분야는 '유튜브 크리에이터', '드론', '블로그', '로봇' 등 기존 엄마들이 선호하는 관심 분야와 다르다. 아이들이 선택하는 관심 분야가 맞는 것이다. 어른들은 아직도 구시대적 사고와 틀에서 벗어나지 못했다. 아이들은 이미 아이들만의 삶의 방향과 목적이 심어져 있다. 다만 아직 자신이 알지 못할 뿐이다. 하지만 아이의 직감이 그것을 선호하고 선택한다. 아이들이 유독 관심 있고 좋아하는 것이 있다. 눈 뜨면 그 이야기를 하고, 틈 날 때마다 이야기하는 것, 그것이 우리 아이의 관심사다. 그러니 부모들은 아이의 이야기에 귀 기울여야 한다. 그리고 엄마의 목적과 방향, 고집을 내려놓고 아이가 선택하는 것들을 잘할 수 있도록 돕는 역할을 해야 한다.

어떤 아이는 관심 있어 하는 분야가 없을 수도 있다. 뭘 좋아하는지 도무지 모르는 아이도 있다. 그럴 때는 다양한 사물과 환경, 인물을 만날 수 있도록 해주고, 다양한 종류의 책들을 읽히다보면 아이가 유난히 관심을 가지고 여러 번 본다거나 그 분야의 책들을 읽고 싶어 한다. 관심 있는 분야의 책들을 시작으로 아이는 독서의 매력에 푹 빠지는 경험을 할 것이고, 꿈도 생기고, 삶의 목적과 방향도 잡을 수 있다.

결국, 중2병이라는 것은 "난 지금 어떻게 살아야 할지 몰라 방황 중이에요. 그러니 나를 도와주세요" 하는 아이의 울부짖음이다. 이제 중2가 오기 전 아이에게, 혹 중2를 지나고 있는 아이에게 우리 부모들이 무엇을 해줘야 하는지 확실하게 알았기를 바란다. 아이의 인생에 할 일을 찾아주는 것, 태어난 이유와 목적을 알게 해주는 것, 이루고 싶은 꿈을 찾아주는 것, 그것이 어른의 할 일이다. 그리고 수많은 작가와 책들이 그 해법을 제시해줄 것이다. 자, 오늘부터 당장 아이가 가장 관심 있는 분야의 책부터 시작하자! 그 책은 아이에게 꿈을 심어줄 것이다!

08

스마트폰을 든 손에
책을 쥐어주자!

우리나라 스마트폰 보급률은 2019년 기준으로 13세 이상 인구 중 95%가 스마트폰을 이용하고 있으며, 10~20세는 94.5%가 스마트폰을 이용하고 있다고 한다. 초등학생부터 고등학생까지 스마트폰을 사용하지 않는 학생은 5.5%로 거의 모든 학생들이 스마트폰을 가지고 있다는 이야기다. 반면, 독서인구는 2013년 62.4%에서 해가 거듭될수록 그 수가 줄어드는 추이를 보이며, 2019년에는 56.2%만이 독서를 한다고 집계되었다. 그나마 어른에 비해 어린이들의 독서량이 많은 것으로 나타났다.

스마트폰은 이제 우리 생활에서 없어서는 안 될 필수품이 되었다. 그리고 우리 생활에 각종 편의를 더해주는 것도 사실이다. 그렇지만 부모들과 교육전문가들은 아이들의 지나친 스마트폰 사용에 대해 많이 우려하고, 대안을 찾고 있다.

니혼대학교의 교수인 모리 아키오의 저서 《게임뇌의 공포》에서는 컴퓨터 게임이 뇌에 미치는 영향을 확인하기 위해 간단한 실험을 진행한 후, 그 결과를 자세히 밝혔다. 하루에 2시간 이상 게임에 몰두하는 날이 일주일에 4일 이상인 학생들의 뇌파는 그렇지 않은 아이들의 뇌파와 확연히 다른 형태를 보였다고 한다. 뇌가 학습과 같은 정신 작업을 할 때 나오는 베타파가 현저히 떨어지고, 휴식을 취할 때 나오는 알파파도 불안정했다. 다시 말해 게임을 많이 하는 학생들의 뇌는 고도의 지적 기능을 담당하는 전두엽이 활성화되지 않는 상태로 있는 것이라고 한다. 모리 교수는 이런 유형의 뇌파를 '치매 상태의 뇌파와 같다'고 설명한다. 즉, 게임을 많이 하는 우리 아이들의 뇌는 치매 걸린 노인의 뇌와 같다는 이야기다.

　그다음으로 스마트폰은 우리 아이들의 여가시간을 모두 빼앗아간다. 아이들은 1초도 가만히 있지 못한다. 잠시라도 쉬는 시간이 생기면 어느새 손에 스마트폰이 쥐어져 있다. 스마트폰을 시작하는 아이는 손에서 놓기를 거부한다. 이처럼 스마트폰은 우리 아이들의 뇌를 악화시키고, 여가시간을 빼앗아 책을 읽거나 생각할 시간을 주지 않는다. 그 결과 아이들은 낮은 언어 능력을 갖게 된다. 스마트폰과 컴퓨터 게임에 일찍 눈을 뜬 아이일수록 더욱 심하다. 스마트폰 보급률 증가와 독서인구 감소에는 상관관계가 있고, 독서인구 감소와 아이들의 언어 능력이 낮아지는 것 또한 상관관계가 있다. 스마트폰 이용자가 많아짐에 따라 독서인구가 감소했고, 독서를 하지 않으니 언어 능력이 낮은 아이들이 점점 늘어나고 있다는 것이다.

인공지능의 고향이라 할 수 있는 실리콘밸리에서는 어떤 교육을 하고 있을까? 최첨단 기기와 AI가 넘쳐나는 그곳의 학생들은 오히려 IT기기를 사용하지 않는다고 한다. 인터넷 사용법도 잘 모른다. 실리콘밸리의 학교들은 IT기기나 컴퓨터가 발명되기 이전에 했던 교육방식을 지금까지 고수하며 유지하고 있다. 종이책과 종이로 된 노트를 사용하고, 인터넷검색보다는 두꺼운 백과사전을 찾아본다. 최첨단 디지털의 메카인 실리콘밸리는 지금도 아날로그식의 수업방식으로 교육하고 있다.

이지성 작가는 그의 저서 《에이트》를 통해 "그곳의 교육에는 분명한 철학이 있다. 그들은 스마트폰을 할 시간에 다른 아이들과 놀고 대화하면서 타인들과 공감하고 조화를 이루는 능력을 길러주는 것과 자기 내면의 힘을 조절할 줄 아는 능력을 기르기 위한 교육을 하고 있다"고 말한다.

우리의 교육 방침과는 차이가 있지 않은가? 우리는 각성해야 할 필요가 있다. 인공지능의 메카이자 최첨단 IT기기가 넘쳐나는 실리콘밸리의 아이들의 손에도 컴퓨터나 그 흔한 스마트폰이 없다는 것을 보면, 우리 아이들을 어떻게 교육하고 스마트폰을 들고 있던 손에 무엇을 들려줘야 할지 심각하게 고민하지 않을 수 없다.

이렇게 말하는 나도 일주일에 한 번 정도는 스마트폰으로 인해 아이에게 언성을 높이거나, 주의를 줄 때가 있다. 때로는 인터넷이 없는 나라에 가서 살고 싶을 정도다. 더군다나 코로나19로 인해 한동안 온라인 학습만 했고, 이제는 겨우 일주일에 한 번 학교에 가고 나머지는 가정에서 온라인 학습을 하고 있다 보니 손에서 스마트폰을 내려놓을 날이 거의 없다. 요즘 아이를 둔 가정이라면 스마트폰과의 전쟁이 없는 가정은 거의 없으리라 본다. 만약 있다면 그 아이는 '상'을 줘야 한다.

코로나19로 인해 바뀐 것이 하나 더 있다. 바로 '온택트' 시대 '1인 크리에이터' 시대가 되었다는 것이다. 코로나19로 사회적 거리두기, 생활 속 거리두기, 비대면 업무가 지속되면서, 그 대안으로 온라인에서 만나고 온라인으로 업무를 보는 '온택트' 시대로 변했기 때문에 스마트폰을 사용하지 않는 아이라면 아마 미개인 취급을 받게 될지도 모른다. 스마트폰이 필요악이 된 사회에서 우리 아이를 잘 지키려는 노력과 그에 대한 교육은 부모의 몫이 되었다. 나는 종종 아이에게 이런 표현을 쓴다.

"네가 스마트폰을 하고 있는 것은 독약을 먹고 있는 거나 마찬가지야! 스마트폰 하는 시간에 너의 뇌세포가 죽어가고 있거든."

그렇다. 스마트폰은 우리 아이의 뇌세포를 죽이는 독약이다. 그렇다면 우리는 아이를 '스마트폰'을 이기는 아이로 교육해야 하는데, 정말 어떻게 하면 좋을까? 내가 사용하는 방법 몇 가지를 소개한다. 핵심은 '자기조절'과 '자기통제'이며, 부모의 '관심'과 '개입'이다.

끊임없이 과제를 줘라

시간마다 아이가 할 수 있는 과제를 제시해주는 방법이다. 사실은 아이도 할 일이 없고, 심심하니까 스마트폰에 손이 가는 것이다. 물론 스마트폰을 오래해온 친구는 중독에 가까운 수준일 수 있다. 그럴수록 더 구체적인 과제를 내주자. 할 일이 있으면 아이도 스마트폰에 손이 덜 가게 된다. 예를 들어 몇 시에는 책 몇 장 읽기, 또는 책 몇 분 읽기 등 구체적인 과제를 주자. 내 경우에는 일정표를 만들어주었다. 과목별 해야 하는 과제를 구체적으로 적어 놓으면 아이가 싫은 표정을 하면서도 해낸다. 좀 과할 정도로 내주는 것이 좋다. 엄마의 일이 늘어나는 것이지만, 아이는 스마트폰을 가지고 노는 시간을 줄일 수 있고, 엄마도 아이의 학습 진도나, 독서 교육에 더 관심을 가질 수 있어서 '두 마리 토끼'를 잡을 수 있다.

시간의 제한을 두거나 사용 시간을 기록하도록 한다

아이가 스마트폰을 시작했다면 중단해야 할 시간을 미리 정하는 것이다. 몇 분 후 또는 몇 시에는 중단하기로 약속하고 시작한다. 만약 아이가 스마트폰이나 게임을 신나게 하고 있는데 바로 끄라고 하면 아이도 기분이 나쁘다. 그러니 몇 시 몇 분에 끄라고 하거나, 몇 분 후에 끄기로 약속한다. 이때 시간을 여유 있게 잡아주는 것이 좋다. 그래야 아이도 마음의 준비를 하고 스스로 끄게 된다.

또 다른 방법은 스스로 스마트폰이나 게임하는 시간을 기록하도록 하는 것이다. 몇 시 몇 분에 시작했는지 적고, 끝낸 시간을 적는다. 기록한 것을 눈으로 확인하면 아이 스스로 자신이 얼마만큼의 시간 동안 스마트폰을 사용했는지 알게 되기 때문에 스스로 조절하려는 노력을 한다. 이 방법은 시간 관리와 자기통제를 할 수 있는 아이가 되는 데 도움을 준다.

보상이나 대가로 스마트폰 사용 쿠폰을 준다

평소에는 스마트폰을 잘 사용할 수 없게 하다가 아이가 과제를 잘하거나, 책을 읽은 후에 그에 대한 보상으로 스마트폰 사용 시간을 주는 방법이다. 심부름을 했을 때도 스마트폰 사용 시간을 준다. 스마트폰 사용 시간을 얻는 것이 동기부여가 되어 아이는 과제도 잘한다.

평일에는 제한적이었던 스마트폰 사용을 주말에는 풀어준다

아이도 주말이라는 여유로움을 느끼고 싶을 것이다. 그래서 나는 주말 점심 이후의 시간을 '자유 시간'이라고 해서 두 시간 정도 실컷 하도록 내버려둔다. 뭐든지 찔끔찔끔 하거나 몰래 하면 더 하고 싶듯이 이 시간에는 마음껏 하도록 허용해준다. 단, 그 주에 모든 과제물과 독서를 잘했을 경우에만 허락한다. 만일 평소 자신이 할 일을 하지 못했다면, 오히려 주말에 벌로 사용 시간이 금지된다. 이렇게 하면 아이는 평일에 자신의 할 일을 더 잘한다. 주말의 자유시간을 얻기 위해 평일에 열심히 하게 된다. 어른과 마찬가지다. 평일에 열심히 일하고 주말에 마음껏 즐기는 것처럼 아이에게도 자신이 열심히 보낸 일주일의 보상을 해주는 것이다.

부모도 가급적 스마트폰 사용을 자제한다

나는 가능하면 아이와 함께 있을 때는 스마트폰을 사용하지 않으려고 노력한다. 아이는 못 하게 하면서 부모는 마음대로 하면 아이가 부모의 말을 잘 따라주지 않는다. 또 부모가 하고 있으면 아이도 자신도 모르게 스마트폰을 하게 된다. 그래서 나는 아이와 함께 있을 때는 쓸데없이 스마트폰을 보는 일은 만들지 않는다.

스마트폰과 유튜브는 우리 아이의 읽기 능력을 떨어뜨린다. 그렇지만 무조건 막을 수는 없다. 아직 자기 자신을 조절하고 통제하지 못하는 아이들이니 부모의 적극적인 개입과 관심이 절대적으로 필요하다. 그리고 아이가 심심할 틈이 없도록 끊임없이 읽기 과제를 내주는 것이 최고 좋은 방법이다. 스마트폰 대신 책을 읽은 아이에게 충분히 칭찬해주고, 그에 대한 보상으로 약간의 즐거움과 여유를 줘보면 어떨까? 현재는 많은 아이들에게 스마트폰이 '주'이고, 책이 '객'이다. 그렇지만 부모의 관심과 개입, 구체적인 계획과 과제들로 인해 책이 '주'가 되고, 스마트폰이 '객'이 되도록 주객을 바꿔주자!

09

적은 투자, 큰 수익이
바로 책 읽기다

코로나19로 세계가 불안해지자 사람들은 미래를 보장받기 위해 발빠르게 여기저기 투자하고 있다. 코로나19가 한참 기승을 부릴 때 주식시장이 요동쳤고, 달러 투자, 금 투자, 부동산 투자 이외에 투자에 별 관심이 없는 나로서는 알지도 못하는 곳에 많은 사람들이 투자를 하고 있는 것으로 알고 있다. 어느 대형서점의 통계에 따르면 코로나19가 확산되기 시작한 2월부터 재테크, 투자 관련 분야의 서적이 지난해에 비해 2배 정도 증가했다고 한다. 도서판매량이 계속 하락세를 보이던 때와 비교해 반가운 소식이다.

코로나19가 확산되면서 한동안 학원이 휴원하게 되어 나도 모처럼 시간이 남았다. 그래서 그동안 읽고 싶었던 도서와 신간 도서들을 구매해 다른 때보다 더 많이 독서할 수 있었다. 또 지금은 원고 집필을 위해 도서를 많이 구입해서 보고 있다. 학교에 가지 않는 아이들과 시간을 보내기 위해 부모들이 책을 많이 사주었는지, 아동 관련 도서도 다른 해에 비해 판매량이 늘었다고 한다. 코로나19가 가져다준 유익한 점이라고 해야 하나?

어쨌든 독서가 중요하고 독서를 해야 한다고 강력하게 주장하는 나로서는 무척 반가운 소식이다. 이 책을 읽고 있는 분들에게 자신과 아이를 위한 독서에 얼마나 투자하고 있는지 묻고 싶다. 그것이 시간이 됐든 돈이 됐든, 하루에 몇 시간, 수입의 얼마를 투자하고 있는지 점검해보면 좋겠다.

나는 2015년 남편의 사업 실패로 경제적으로 매우 힘든 상황에서, 책을 읽고 다시 일어선 적이 있다. 앞서 잠깐 이야기했지만, 그때 나에게 도움이 되었던 책은 《목적이 이끄는 삶》이라는 책으로 정가 13,000원이었다. 이 책은 내 인생의 큰 전환점이 되었다. 이 책을 읽기 전의 삶과 읽은 후의 삶이 완전히 바뀌었다. 마치 코로나19 AC와 BC를 경험하게 된 지금처럼 말이다. 책을 읽은 후 인생의 방향과 목적을 확고하게 정하게 되었고, 방황하고 헤매던 인생에서 살아야 할 이유와 나의 사명을 발견했다. 그리고 그 후 보람 있는 삶을 살 수 있었다. 단돈 13,000원의 힘이 위대하지 않은가? 한 성인의 삶을 뒤바꿔놓고, 삶의 목적을 깨닫게 했으니 말이다.

내 인생에 영향을 준 또 다른 책은 《커피 한 잔의 명상으로 10억을 번 사람들》이다. 이 책은 그 당시 9,000원이었다. 이 책에서는 매일 5분을 투자하면 성공이 보인다고 했다. 매일 커피 한 잔 마실 시간을 투자해 '긍정적인 생각'을 하면 누구나 성공할 수 있다는 것이다. 나는 그대로 실천했다. 암담하고 불안한 현실에서 내가 할 수 있는 건 모두 다 해보기로 했다. 나는 매일 자기 전과 아침에 눈떴을 때 긍정적인 생각을 하는 시간을 가졌다. 그랬더니 정말 내 생활이 경제적으로 풍요로워지는 경험을 했다.

최근에는 《더 해빙》이라는 책으로 지금 내가 가지고 있는 것들에 감사하는 마음과 '있음'에 집중하게 되는 의식의 변화와 긍정적 깨달음을 얻을 수 있었다. 만약 책이 아니었다면 좋은 멘토나 강연을 듣기 위해 많은 비용을 치러야 했을 것이다. 그래도 경험하지 못할 깨달음을 정가 16,000원에서 할인된 가격 14,400원에 얻을 수 있었다.

다음으로는 김태광 작가의 《마흔, 당신의 책을 써라》와 《10년차 직장인, 사표 대신 책을 써라》는 글을 쓰고, 작가가 되고 싶은 나의 꿈에 동기부여를 강하게 해주었고, 실제로 내가 작가가 되는 데 많은 도움이 되었다. 이외에도 셀 수 없이 많은 책과 작가들의 도움을 받았다.

나는 커피 두 잔 값으로 인생이 바뀌는 경험을 여러 차례 했다. 책을 읽는 것만큼 안정적이고 값진 투자는 없다. 책을 읽고 이런 경험을 해보지 않았기 때문에 아이들에게 책 읽는 것이 중요하다는 것을 알려주지 못하는 어른들이 많다. 실제로 자신들이 책으로 큰 이익이나 인생이 바뀌는 놀라운 일을 경험해보지 못했기 때문이다. 그것은 그만큼의 책을 아직 읽지 못했다는 증거이기도 하다.

요즘 책 값은 대부분 만 원 내외다. 전문서적이나 간혹 고가의 도서가 나오기는 하지만, 평범한 사람들에게 필요한 책은 2만 원을 넘지 않는다. 아이들 책은 만 원이 넘지 않는 책도 있다. 평균 15,000원의 책으로 얼마나 많은 것을 배우고 깨달을 수 있는지, 직접 체험해보면 놀라운 일들이 너무나도 많다.

얼마 안 되는 돈으로 우리는 세계적으로 손꼽히는 부자인 빌 게이츠의 성공 비결과 조언을 들을 수 있다. 스티브 잡스의 창의력과 리더십을 배울 수 있다. 그 밖의 예술가, 전문가, 작가들을 만날 수 있다. 다른 나라로 마음껏 여행가고 싶지만, 현실적인 조건과 상황 때문에 쉽게 여행을 갈 수 없다. 그런데 이미 다녀온 사람이 그 나라에 대해서 자세히 설명해주고 여행할 때 필요한 것들을 책을 통해 알려준다. 우리는 도움을 받고, 직접 가지 않아도 다녀온 것처럼 생생한 경험을 할 수 있다. 재테크, 투자, 자녀 교육, 독서법, 치유, 관계, 외국어, 각종 전문 기술, 마케팅, 블로그, 유튜브 촬영에 도움이 되는 도서 등 다양하고 새로운 분야들을 알차게 배울 수 있는 것이 바로 커피 두 잔 값의 책이 하는 일이다. 놀랍지 않은가?

책은 우리 아이들에게도 같은 영향을 준다. 우리 아이들이 만나는 사람과 경험하는 상황은 한정되어 있다. 그래서 책을 읽으면 많은 사람들을 책 속에서 만나고, 자신이 실제 경험해볼 수 없는 상황들을 간접 경험할 수 있다. 또한 책을 통해 세계 여러 나라, 신기한 도구와 기구, 각양각색의 사물 등을 볼 수 있으니 다양한 배경지식을 쌓을 수 있다. 일일이 가보지 않고, 일일이 만져보지 않아도 모든 것을 경험하고 배울 수 있다.

그뿐인가? 꿈이 없는 아이들에게 나처럼 자신의 꿈과 만나게 해주는 귀한 책도 있다. 소심한 아이가 대범해지고, 공감 능력 없던 아이가 책을 통해 공감 능력이 길러지고, 상상력과 창의력은 눈 씻고 찾아봐도 없는 아이가 책을 통해 상상력과 창의력이 커진다. 생각하기 싫어하고 말하기 싫어했던 아이가 생각하는 아이로, 자신의 의견을 잘 표현하는 아이로 자라게 된다. 또한 수많은 작가들을 만나 그들의 지식과 그들의 다양한 견해를 듣게 되니 사고의 폭이 넓어진다.

이 커피 두 잔 값조차도 안 들이고 책을 많이 읽을 수 있는 방법도 있다. 바로 도서관이다. 요즘은 각 지역마다 도서관이 있어서 책을 접하기가 아주 많이 쉬워졌다. 내가 사는 경기도 동탄신도시의 경우 3~4km 내외로 도서관이 하나씩 있는 것 같다. 지금까지 나는 주로 도서관 주변에 살았다. 최근에는 아파트 정문 바로 앞이 도서관이었다. 필요한 책이 있으면 아침에 눈뜨자마자 가고, 반납해야 할 도서들이 있을 때도 저녁에 얼른 갖다줄 수 있으니 편하고 좋다. 거대한 나의 전용 서재를 갖고 있는 느낌이다. 나는 도서관 대출 카드를 가족 수대로 만들어서 이용한다. 한 카드당 7권을 2주일간 대출할 수 있으니 4인 가족이면, 28권이나 빌릴 수 있다. 더 필요한 책이 있다면 가까운 다른 지역 도서관에서 또 빌려볼 수 있다. 몇 십 권 되는 책을 마음껏 빌려볼 수 있는 도서관이 너무 좋다.

또 요즘은 중고서점도 많이 이용한다. 주로 온라인 중고서점을 이용하는데, 마치 경매하는 듯이 가장 낮은 가격의 최상품을 내가 선택하면 된다. 최상 제품은 새것과 같아서 나는 가격이 좋으면 중고서점에서 책을 자주 구입한다. 또 오프라인 대형서점도 종종 이용한다. 중고서점과 온라인 서점과는 다르게 신간도서를 눈으로 직접 볼 수 있는 것이 장점이다. 또한 오프라인 서점은 카페처럼 커피 한 잔 마시면서 신간도서들을 마음껏 펼쳐보고, 읽을 수 있어서 좋다. 도서관과 서점 나들이는 나를 행복하게 해주는 최고의 일상이다.

요즘 부모들은 자녀를 위해 주식을 사둔다고 한다. 이미 어떤 아이들은 ○○전자 주식이 몇 십 주나 된다는 이야기도 들려온다. 물론 경제적인 투자도 중요하고 좋겠지만, 아이들의 미래를 위해서는 지적 투자인 독서와 책을 사는 일에 투자해야 한다. 적은 돈으로 투자했지만 반드시 상상도 하지 못할 큰 수익을 안겨줄 진정한 미래가치 투자는 독서에 있다.

3장.

책 즐겨 읽는
아이로 만드는
7단계 원칙

엄마부터 책 읽기를
시작하라

　내 아이가 초등학교 2학년 때 일이다. 아이가 영어 공부를 시작했다. 아이에게 영어를 가르쳐주시는 선생님은 국문학을 전공하신 선생님이셨다. 영어 선생님이 국문학을 전공하셨다니 믿음직스럽지 못한가? 그렇지 않았다. 외국 사람들과 자유롭게 영어로 소통하고, 메일을 주고받으며 비즈니스를 하는 유능한 분이셨다. 외국인 같은 한국인이었다. 유능하고 영어 실력이 뛰어난 분이 우리 아이에게 영어를 가르쳐주시게 되었으니 큰 행운이라 생각하고 감사했다. 그런데 영어 공부를 시작한 지 3개월쯤 지났을까? 선생님으로부터 전화가 걸려왔다. 영어 선생님께서는 나에게 의외의 질문을 하셨다.

　"어머님, 수호가 책을 많이 읽나요?"

　"음…. 많이 읽는 편은 아니에요."

　"그렇죠? 그런 것 같았어요."

나는 우리 아이가 책을 많이 읽지 않는다는 대답을 하면서 창피하고 부끄러웠다. 그리고 갑자기 국어 선생님도 아니고, 영어 선생님께서 왜 책을 많이 읽느냐고 물어보시는지 궁금했다.

"그런데, 왜 그러시죠? 책은 왜?"

영어 선생님은 이렇게 말씀하셨다.

"어머님 수호에게 책 많이 읽혀주세요. 수호와 수업을 해보니 이해하지 못하는 단어들이 많이 있었어요. 영어도 결국에는 언어이기 때문에 어휘와 문장구조를 많이 아는 것이 중요하거든요. 그러기 위해서는 책을 많이 읽는 것이 가장 좋아요."

영어 선생님과의 짧은 통화로 나는 약간의 충격을 받았다. 나름대로 책을 읽혔다고 생각했지만, 많이 읽히지 않은 것이 들통난 순간이었다. 선생님 말씀으로는 일주일에 한두 권도 좋으니 꾸준히 읽히는 것이 좋다고 하셨다. 자신의 영어 실력도 어렸을 때 책을 많이 읽은 것이 도움이 되었다고 하시면서 말이다. 나는 당장 어떤 책을 어떻게 읽혀야 할지 막막했다. 그래서 내가 먼저 초등학생에게 도움이 되는 독서법 책들을 읽기 시작했다. 또 어떻게 읽어줘야 효과가 있을지, 책을 잘 읽어주는 부모들은 어떻게 읽혔는지 국내와 해외도서들을 찾아서 읽었다.

그때부터 우리 집은 책 읽기 혁명이 시작되었다. 하지만 내가 책을 읽는다고 아이가 바로 책을 읽지는 않았다. 한창 밖에 나가서 노는 것을 좋아하고, 단 1초도 가만히 있는 것을 힘들어하는 전형적인 남자아이였기 때문이다. 아이의 성향상 가만히 앉아서 책을 읽는 것이 쉽

AI 시대 초등 공부, 책 읽기가 전부다

지 않았다. 나 또한 아이가 예닐곱 살까지는 엄마의 의무를 다하기 위해 책을 읽어주었지만, 아이가 초등학생이 되고는 책을 읽어준 기억이 거의 없었다. 그래서 그때부터 아이에게 책을 읽히려고 노력했다. 책을 들고 아이에게 읽어준다고 하니 나를 이상한 눈으로 바라보면서 어색해 했다. 자기를 어린아이 취급한다는 느낌을 받았는지 책을 읽어주는 것을 반가워하지 않았다. 혼자 읽으라고 해도 잘 읽지 않았다. 그래서 처음에는 엄마인 나만 책을 열심히 읽었다.

식탁에도 책, 거실에도 책, 내 방에도 책, 계속 책을 쌓아두고 읽었다. 아이가 집중하지 않아도 책을 읽어주기도 했다. 어느새 우리 아이는 나에게 '책충'이라는 별명을 붙여주었다. 주말에는 아이를 데리고 도서관과 서점에 갔다. 서점에 갈 때마다 자신이 좋아하는 책을 골라서 읽게 하고, 아이가 사고 싶다는 책을 사주었다. 도서관에서도 아이가 좋아하는 책을 골라 나와 함께 책을 읽기 시작했다. 어떤 때는 책을 읽기보다 엄마의 책 목록들을 들고 스스로 검색해서 책을 찾아왔다. 그렇게 엄마의 '북셔틀' 역할을 더 재미있어 했다. 아이는 이제 주말이면 엄마와 함께 도서관과 서점에 가는 일을 즐기기 시작했다. 책과도 친해졌다. 참 신기한 일이다. 단 두세 달 만에 우리 집은, 적어도 아들과 나는 책 마니아가 되었다.

내가 사는 동탄신도시는 다른 도시에 비해 아이들이 많은 지역이다. 젊은 층, 그러니까 아이들을 키우는 집이 많은 편이다. 주말에 아들과 함께 서점이나 도서관에 가면 책을 읽고 있는 가족들의 모습을 여기저기에서 볼 수 있다. 엄마, 아빠, 아이 이렇게 세 명, 혹은 네 명의 가족들이 저마다 자신이 좋아하는 책에 푹 빠져 있는 모습을 볼 수 있다. 나는 부모들과 아이들의 책 읽는 모습을 보면 아직 대한민국은 희망이 있다고 느끼며 뿌듯하다. 내 가족도 아닌데 말이다.

몇 년 전, 학습지 교사를 할 때의 일이다. 유난히 책장에 책이 많이 꽂혀 있는 집이 있었다. 일주일에 한 번씩 그 집을 방문했는데, 책꽂이의 책들은 언제나 얌전히 그 자리를 지키고 있다. 한 달이 가고, 두 달이 가고 한 번도 책이 흐트러지거나 꺼내서 본 흔적이 없다. 나는 아이를 가르치면서 책꽂이의 책들을 보며, 참 욕심나는 책들이 많은데, 이, 집 아이들은 어쩜 이렇게 책을 안 읽지 싶은 마음에 수업하다 말고 아이에게 물어보았다.

"민수야, 책 언제 읽어? 책 많이 읽니? 선생님이 올 때마다 책이 그대로인 것 같거든."

"책, 안 읽는데요? 엄마가 안 읽어줘요."

아이는 당연하다는 듯이 말했다. 그러니까 이 집에 있는 책들은 엄마는 아이에게 읽으라고 사주었고, 아이는 엄마가 읽어줄 날을 기다리며 언제나 그 자리에 있으면서 자기의 할 일을 하지 못한 것이다. 꽂혀 있는 책들은 모두 값이 꽤 나가는 책들이었다. 내 형편에는 살 엄두도 못 내는 값있는 책들도 너무나 많이 있었다. 그렇지만 그 책들은 장식품에 불가했다.

그 집 아이들은 학습 능력이 많이 떨어졌다. 7세가 된 동생은 아예 한글을 읽지 못했고, 1학년이었던 형은 한글은 읽어도 덧셈, 뺄셈을 어려워하며 받아쓰기라든지, 일기쓰기가 전혀 안 되었다. 학습지 문제를 풀 때도 5분 이상 앉아 있지를 못했다. 수시로 일어났다 앉았다 반복하고, 무슨 뜻인지 무슨 말인지 이해하지 못할 때가 많았다. 그 집 엄마는 이름을 말하면 알 정도의 손꼽히는 대기업에 다녔다. 연봉도 높을 것이다. 그러니 비싼 책도 쉽게 살 수 있었고, 사교육도 많이 시키는 편이었다. 하지만 눈 뜨면 직장에 가야 하고, 저녁이 되어 돌아오면 아이와 함께 책을 읽거나 아이의 학습을 봐줄 시간적 여유가 없었다. 말 그대로 먹고살기에 급급해 돈으로 아이들의 빈자리를 채웠다고 해야 할까? 참으로 안타까운 마음이 들었다.

아이를 양육하고, 아이의 학습에 가장 영향을 미치는 것은 돈도 아니고, 공교육도 사교육도 아닌 바로 부모의 역할이다. 특히 아이들은 아빠보다 엄마의 영향을 많이 받는다는 것이 통계에서도 나타났다. 우리 집의 경우에도 아빠가 책을 읽든 안 읽든 그것은 중요하지 않았다. 영어 선생님의 조언으로 엄마인 내가 먼저 책을 읽기 시작했다. 왜냐하면 내가 알아야 아이에게 책을 읽힐 수 있기 때문이었다. 내가 먼저 책을 읽어야 아이도 따라 읽겠다는 생각이 들었다.

서점이나 도서관에서 아이들을 데리고 책을 읽고 있는 부모들은 칭찬받을 만한 부모들이다. 물론 자신들이 책이 좋아서 읽고 있을 수 있겠지만, 아이들에게 더 없이 좋은 습관을 물려주는 것이기 때문이다. 또한 대부분의 아이들은 부모와 함께 많은 시간 함께하기를 원하는데, 책을 읽으며 한 공간에서 함께 있다는 느낌은 아이들의 정서에 매우 좋은 영향을 미칠 것이다.

　부모, 특히 엄마는 아이에게 롤모델이 되어주어야 한다. 아이는 나를 비춰주는 거울이다. 내 모습이 아이에게 그대로 투영된다는 사실을 기억하자. 내가 하는 행동 하나하나가 아이를 통해서 나온다. 아이에게서 내가 원하는 행동이 나오기를 기대하는가? 그렇다면 내가 그 행동을 먼저 하자. 반드시 내가 했던 행동, 내가 원하는 행동과 모습이 아이들을 통해서 나오게 되어 있다. 아이가 책을 좋아하고, 책을 잘 읽기를 원하는가? 그러면 엄마인 내가 먼저 책을 좋아하고 책을 즐겨 읽자. 심거나 뿌리지 않고는 열매를 볼 수 없고, 수확할 수 없다. 내가 무엇을 심고, 뿌리는가에 따라 열매가 열리게 되어 있다.

글자가 많은 책보다
그림이 있는 책부터 읽혀라

많은 교사나 부모, 특히 엄마들이 오해하고 있는 것이 있다. 아이들이 한글을 읽을 수 있고, 학년이 올라갈수록 책을 잘 읽는다고 생각하는데 이것은 큰 오해다. 직접 현장에서 아이들을 대상으로 독서 지도를 하는 내 경험에 비춰볼 때, 초등학생뿐만 아니라 중학생들도 글을 잘 못 읽는 학생들이 많다. 여기서 글을 잘 못 읽는다는 의미는 글자 자체를 읽을 수 있어도 글자가 모여 문장이 되면 그 뜻을 이해하지 못하는 경우를 말한다. 대부분의 아이들은 문장이 조금만 길어도 무슨 뜻인지 잘 이해하지 못한다.

하나의 예로 수학 문제를 푼다고 하자. 요즘은 초등학교 1학년 문제도 문제의 길이가 보통은 2줄이 넘고, 2학년이 되면 문제의 길이만 해도 3~4줄 되는 문제가 많다. 많은 아이들이 글자는 읽되, 문제가 무엇을 의미하는지 모를 때가 많다. 덧셈, 뺄셈, 곱셈, 나눗셈은 많은 연습과 훈련을 통해 잘했다 하더라도, 문제 자체를 이해하지 못하니 사칙연산을 대입할 수 없는 상황이 되는 것이다. 그렇다 보니 당연히 서술형 문제는 아예 시작조차 하지 못한다.

우리 학원에서 수학을 지도받는 학생만 봐도 알 수 있다. 수학 선생님은 종종 나에게 이런 말을 한다. "아이들이 수학을 먼저 하기보다, 독서를 먼저 해야 할 것 같아요." 이 말은 아이들이 그만큼 긴 문장으로 된 문제들을 이해하지 못하기 때문에 독해 능력을 기른 후 수학 학습을 해야 할 필요성이 있음을 명백히 증명해주는 말이다. 하지만 많은 엄마들은 자신들이 배웠을 때의 수학을 생각하기 때문에 계산과 연산을 더욱 중요하게 여기고, 독해 능력의 중요성을 아직 모르고 있는 것 같아 안타깝다.

이렇듯 엄마들은 내 아이가 한글을 떼면 글자를 잘 읽으니까, 당연히 글자책도 잘 읽을 것이라 생각한다. 실제로 아이들은 눈으로 읽든 소리 내어 읽든 글자는 잘 읽는다. 하지만 우리는 여기에 속으면 안 된다. 아이들은 글자를 읽었을 뿐이지 책의 내용을 읽은 것이 아니다. 내 경우, 수학 성적도 좋고 다른 교과 성적도 비교적 우수한 아이들에게는 당연히 글자가 많은 책을 읽혔다. 그러나 읽은 후에 아이와 이야기를 해보면 아이는 그 책의 내용을 전혀 이해하지 못했다. 가정에서도 많은 엄마들이 아이에게 책을 읽히고, 다 읽은 후에 이처럼 내용을 이해하지 못한 경우를 종종 접했으리라 본다.

무슨 내용인지 이해하지 못한 채 책을 읽으면, 아이에게 책 읽는 일은 즐거운 일이 아니고, 힘들고 고통스러운 일로 받아들여졌을 것이다. 그래서 대부분의 아이들이 책 읽기를 꺼려하고, 책 읽는 것은 재미없다고 말한다. 나는 이에 대한 해결책으로 초등학생이든 중학생이든 먼저 그림책부터 읽히기 시작했다. 아이들에게 그림책을 내밀며 읽으라고 하면 아이들은 유치하다고 하면서 처음에는 거부한다. 그럴 때는 내가 먼저 아이에게 다가가 책장을 넘기면서 그림을 보여주고 이야기를 시작한다. 그림을 보며 친근하게 이야기를 나누면 아이는 책에 관심과 호기심이 생기고, 이 책을 읽고 싶다는 마음이 든다. 음식으로 말하자면 애피타이저인 셈이다.

그림책에는 많은 글자를 대신하는 다양한 그림들이 있다. 아이들이 책 읽는 것을 즐거워하고, 재미있어 한다는 큰 장점이 있다. 또한 그림책에는 어른들이 생각하지 못하는 많은 교훈과 감동도 있다. 예를 들어, '사람은 누군가에게 필요한 존재가 되어야 하고, 세상에는 쓸모없고 가치 없는 것은 없다. 모두 나름대로의 쓸모가 있고, 가치 있는 존재다'라는 철학적인 내용과 교훈을 아이에게 심어주려면, 굉장히 딱딱한 이야기로 설명해야 할 것이다. 그렇게 되면 아이들은 지루해 할 것이고, 무슨 말을 하는 것인지 알아듣지 못할 수도 있다. 하지만 권정생 선생님의 《강아지 똥》을 읽은 아이는, 강아지 한 마리가 담 밑에 싸놓고 간 냄새나고 쓸모없는 강아지 똥이 어느 비 오는 날 잘게잘게 부숴져 민들레의 뿌리에 스며들고, 마침내 민들레꽃을 예쁘게 피워내는 그림을 본다고 하자. 어느 것이 우리 아이에게 상상력을 자극했고, 오래오래 기억에 남을 것인가?

이처럼 그림책에는 어른들이 미처 깨닫지 못하는 신비한 힘이 있다. 아이들도 이 매력에 빠진다면 책 읽기를 즐거워하게 되고, 책 읽는 그 시간에 행복한 경험을 할 수 있게 된다. 나는 아이들에게 이런 행복한 경험과 즐거운 시간을 책을 통해 찾아주는 일을 하고 있다.

한편으로 그림책 읽는 것을 걱정하는 부모들이 있을 것 같아 부연 설명을 해야겠다. 초등학교 고학년이거나 중학생인데, 언제까지 그림책을 보여줘야 하나 하는 걱정이 있을 수 있다. 그렇지만 걱정할 필요 없다. 그림책을 통해 행복하고, 즐거운 경험을 한 아이들에게 서서히 그림이 적고, 글자가 많은 책으로 바꿔주면 된다. 여기서 중요한 것은 '서서히'다. 그리고 단계별로 옮겨줘야 한다. 그리 오래 걸리지는 않는다. 불과 한두 달, 아니면 그림책 몇 십 권 정도면 아이는 책 읽는 즐거움을 경험하게 될 테니까. 우리 모두 그 정도는 기다려줘야 하지 않을까?

이제부터는 아이가 초등학교 고학년이거나 중학생이어서 글자가 많은 책을 꼭 읽어야 한다면, 잘 읽을 수 있도록 돕는 '꿀팁' 하나를 제안한다. 그 방법은 시간 또는 챕터를 나눠 읽히는 것이다. 이 방법의 핵심은 '나눠 읽는 것'에 있다.

구체적으로 설명하면 시간 같은 경우 3분 또는 5분 단위로 타이머를 맞춰놓고 책을 읽는 것이다. 집중력이 짧다고 생각되는 아이나 처음 시작하는 아이는 3분이 적당하다. 이 방법이 익숙해지거나 아이의 집중력이 좋으면 5분 읽기로 하면 된다. 책을 읽기 전, 메모지나 작

AI 시대 초등 공부, 책 읽기가 전부다

은 노트를 준비한다. 그리고 시작 페이지를 적는다. 3분 또는 5분으로 타이머를 맞춰놓고 책을 읽는다. 시간이 되어 타이머가 울리면 지금까지 읽은 페이지를 적는다. 다시 타이머를 맞추고 페이지를 적으면서 책을 읽는다. 이처럼 3분, 5분 단위로 끊어서 읽는 것을 반복하면 어느새 책 한 권을 마칠 수 있다. 타이머가 울리고 아이가 책 읽는 행동이 잠시 멈춰질 때, 분위기가 환기되면서 아이의 집중력이 높아진다. 나는 실제 독서 수업시간에 이 방법으로 아이들에게 책을 읽힌다. 나에게 수업을 받는 많은 아이들도 처음에는 단 15분 정도밖에는 읽지 못했다. 하지만 이 방법으로 책을 읽는 것이 익숙해지면 아이들은 50분, 1시간, 1시간 반도 책을 읽을 수 있는 지구력이 생긴다. 이 방법을 쓰면 장시간 쉬지 않고 책을 읽는 것보다 훨씬 집중도가 높고, 책의 내용을 잘 이해할 수 있게 된다. 가정에서 엄마들도 실천할 수 있는 간단하면서도 효과가 좋은 방법이다. 이 방법이 익숙해지면 아이 스스로 타이머를 맞춰놓고 읽게 된다. 타이머 방법은 집중력이 짧은 아이들이 학습할 때 요긴하게 사용할 수 있다.

다른 방법은 조금 두껍고 글자가 많은 책을 읽어야 할 경우다. 이럴 경우, 아이에게 무조건 읽으라고 하는 것은 내비게이션 없이 모르는 길을 가라고 하는 것이나 다름없다. 아이에게는 두꺼운 책을 읽는 것이 여간 고통스러운 일이 아니기 때문이다. 이때는 챕터를 나눠 읽히는 방법이 가장 좋다. 이야기가 이어지는 책이라면 처음부터 순서대로 읽는데, 챕터별로 나눠 읽도록 정해주면 좋다. 예를 들어, "오늘은 두 챕터만 읽자"라든가 "오늘은 세 챕터를 읽자"라고 정해주면 아이는 방향성과 목적을 가지고 책을 읽는다.

만약, 읽으려고 하는 책이 각각 다른 내용을 담은 책이라면 책의 앞부분에 나와 있는 목차를 아이와 함께 먼저 본다. 아이가 더 관심 있고, 더 끌리는 챕터를 우선순위에 두면서 순위를 정해 챕터별로 읽게 한다. 한 챕터가 끝날 때마다 내용을 이야기하도록 하거나, 간단하게 요약하는 습관을 들이도록 돕는 것도 좋다. 시간 또는 챕터를 나눠 읽는 방법은 아이에게 두껍고 글자로만 된 책을 쉽게 읽힐 수 있도록 도와준다. 그리고 지루하지 않게 읽힐 수 있는 최고의 방법이니 적용해보길 바란다. 먼저, 그림책부터 시작해서 아이들에게 책 읽는 일이 즐겁고, 행복한 일이라는 것을 경험하게 해주자.

AI 시대 초등 공부, 책 읽기가 전부다

03

쉬운 책부터
시작하라

보통 초등학교에서는 3학년 정도가 되면 권장도서와 필독도서 목록을 주면서 학생들에게 읽기를 권한다. 우리 아이가 초등학교 3학년 여름방학 때 일이다. 방학식을 하는 날, 아이는 여름방학 과제 등 여러 장의 안내문을 받아왔다. 그 안내문들 사이에 초등학교 3학년 학생들에게 권해주는 권장도서 목록이 있었다. 나는 제목을 보고 필요한 책들을 구매했다. 그리고 아무 생각 없이 아이에게 읽혔다.

아이는 처음 한두 권은 엄마가 읽으라고 하니까 마지못해 읽었다. 그러나 그 책들은 아이에게 즐거움과 재미를 느끼게 해주지 못했다. 오히려 지루했고, 재미없었고, 괴로워하고 있다는 것을 느낄 수 있었다. 나의 실수였다. 아차! 싶었다. 담임 선생님께서 주신 권장도서 목록이니까, 아이에게 당연히 읽혀야 한다고 생각했다. 아이의 입장과 수준은 고려하지 않은 채 말이다. 물론 아이에게 선택의 여지도 주지 않았다.

책의 제목은 쉽고, 익숙한 문장으로 되어 있지만, 책의 내용과 낱말은 아이가 읽기에 어려운 부분들이 있었다. 책 속의 상황과 등장인물들의 마음도 아이가 헤아리기 쉽지 않았다. 3학년 이상 학생들에게 권해주는 도서들은 비교적 페이지 수도 많다. 대부분의 아이들은 권장도서나 필독도서를 읽기에는 다소 무리가 있다고 본다. 그러니 무작정 읽힐 것이 아니라, 아이의 어휘 수준과 아이의 흥미를 끌 수 있는 책인지 먼저 파악한 후 읽히는 것이 가장 좋은 방법이다.

특히 요즘 아이들은 빠르고 다양하게 변화되는 영상물과 게임 등에 과도하게 빠져 있다. 그래서 아이들에게 흰 종이에 글자로만 된 책들은 시시하고 재미가 없다. 글자를 읽어나가는 행위가 아이들에게는 지루하고 재미없는 일이며, 글자를 읽고 생각해야 하는 일은 더욱 귀찮게 느껴진다. 점점 더 깊이 생각하는 일을 잘하지 못하는 것이 요즘 아이들이다. 그렇기에 아이가 책을 즐겨 읽기를 바란다면 아이가 좋아하는 책, 쉬운 책을 먼저 읽히는 것이 바람직하다. 앞서 말한 대로 그림책부터 읽으며 아이가 책 읽는 일이 재미있고 즐거운 일이라는 것을 경험하게 해주는 것이 우선되어야 한다. 나이나 학년을 불문하고 말이다.

그래서 나는 권장도서들을 뒤로 미뤄놓고, 그 대신 3학년과 4학년 교과서에 나오는 도서들은 꼭 읽혔다. 교과서에 나오는 책들은 선택할 수 있는 폭이 넓다. 같은 제목의 책들을 우리 아이의 수준에 맞는

AI 시대 초등 공부, 책 읽기가 전부다

책으로 골라서 읽히면 된다. 글과 그림의 적절한 조화, 어휘 수준, 문장의 길이, 전체 페이지 수 등을 우리 아이에게 맞는 책으로 고르면 된다. 고를 수 있는 책이 없고, 꼭 읽어야 할 책이라면, 앞서 말했던 시간 나누기와 챕터 나누기로 읽을 수 있도록 도와주면 된다. 꼭 읽어야 할 책들은 읽히되, 아이의 수준과 아이가 좋아할 만한 책들을 읽히자는 것이 내 생각이다.

많은 엄마들이 아이를 책으로부터 멀어지게 하는 것이 또 있다. 바로 거액의 돈을 주고 산 전집들이다. 아이가 그 책들을 읽을 수 없는 나이부터 미리 사서 들여놓는다. 전집을 살 때 아이와는 상의하지 않는다. 아이의 수준도 고려하지 않는다. 대부분의 엄마들은 학교에서 필독도서를 권장해주듯 대형출판사나 대형문고의 리뷰, 또 엄마들의 수많은 정보가 교환되는 카페 등에서 추천하고 권해주는 전집을 몇 세트씩 사들인다. 그리고 그 비싼 전집들을 거실 한쪽에 쫙 진열한다. 멋지게 말이다. 그 집에 들어서면 마치 과학자나 생물학자, 수학자가 탄생할 듯하다. 사실 그런 기대감을 가지고 많은 돈을 투자했다.

그럼 아이의 입장에서는 어떨까? 아이는 그 책의 무게감을 버티지 못한다. 자기가 읽어야 할 책들인 것을 알고는 있지만, 감히 엄두가 안 난다. 어떤 아이들은 그 책들을 우리 집에 늘 있었던 가구의 하나 정도, 아니면 장식품 정도로 느꼈을 것이다. 그러니 당연히 책에는 손도 가지 않고 읽으려고도 하지 않는다. 그런 아이를 보며 엄마는 한숨만 나온다. 비싼 돈을 주고 샀지만, 아이가 읽지 않으니 아이를 닦달한다. 닦달할수록 아이는 책에서 더 멀어진다. 결국 이런 악순환이 반복되어 엄마와의 관계도 깨지고 책과의 관계도 깨진다.

모든 아이들은 즐거움과 재미를 추구한다. 그러니까 어린아이지 않겠는가? 아이들은 책도 재미있으면 읽는다. 즐거우면 또 보게 된다. 책 보는 일이 놀이처럼 여겨지면 아이들은 매일매일 하고 싶을 것이다. 놀이는 쉽다. 힘들이지 않고 하는 것이 놀이다. 그러면 아이에게 어떻게 하면 재미와 즐거움을 주는 책을 읽힐 수 있을까?

바로 쉬운 책이어야 한다. 쉬운 책이란 어려운 말들이 적게 있는 책, 아이가 받아들이기에 쉬운 이야기와 쉬운 어휘들이 있는 책이다. 아이가 책은 즐겁고 재미있다는 인식을 할 때까지 충분히 기다려주자. 그리 오래 걸리지 않는다. 단지 우리 어른들이 기다려주지 못하고 우리들의 욕심에 따라 아이에게 책을 읽힌다면 그 아이는 평생 '책은 어려운 것, 재미없는 것'이라며 다시는 책을 읽지 않을 것이다. 끔찍하지 않은가?

나는 독서 지도를 하면서 아이들이 책 읽기를 싫어하고, 힘들어하는 원인은 모르는 낱말이 많아서라는 것을 알게 되었다. 책을 읽다가 모르는 낱말이 나오는 것은 우리가 길을 가다가 돌부리에 걸려 넘어진 것이나 다름없다고 본다. 길을 가다가 계속 걸려 넘어진다고 생각해 보라. 그 길을 계속 가고 싶겠는가? 아이에게 모르는 낱말은 돌부리나 마찬가지다. 한두 번은 견디고 가보지만 결국에는 포기하게 되어 있다.

나는 아이들이 책을 읽을 때, 책에서 모르는 낱말이 5개 이상 나오면 책을 바꿔서 다른 책을 읽도록 한다. 모르는 낱말 5개까지는 새로운 낱말을 배우고 익히는 데 도움이 되지만, 그 이상은 아이가 책을 읽는 데 방해되기 때문이다. 생각해보자. 우리 어른들도 한자나 영어로 된 신문을 왜 보지 않는가? 읽다가 술술 읽혀야 하는데, 모르는 한자나 영어가 나오면 우선 글의 흐름이 깨지고, 모르니까 그것을 이해하기 위해 찾아보고 하는 일들이 얼마나 귀찮고 번거로운가? 아이들도 마찬가지다. 조금 전 말했듯이 5개 정도는 한 권의 책에서 새로 배우더라도 그 이상이 되면 흐름이 깨지면서 복잡해지고 책을 읽는 의욕이 저하된다. 이런 일이 반복되면 아이는 '책은 어려워'라고 판단하고 책을 읽지 않게 된다. 물론 예외는 있을 수 있다. 또래보다 현저히 어휘 수준이 낮은 아이에게는 의도적으로 어휘 수준이 높은 책을 읽혀서 아이의 어휘 수준을 높이는 경우도 있다. 그렇지만 또래 평균의 어휘 실력을 갖추고 있는 아이들의 경우 모르는 어휘 5개 안팎이 적당하다고 본다.

몇 년 전 수학영재 교육을 받는 6학년 여자아이가 있었다. 아이의 엄마는 중학교 수학 선생님이셨고, 집안 분위기도 공부하기에 좋은 분위기였다. 한 1년 정도 나는 그 아이를 지도했는데, 독해 수업과 독서 수업을 하며 이상한 점을 발견했다. 아이는 분명 수학에는 영재인 듯했다. 하지만 독해 능력은 3, 4학년 정도 수준이었고, 책을 읽으면 기계적으로 읽는다는 느낌이 들었다. 여기에서 독해 능력이 3, 4학년 정도라고 표현한 것은 이해 능력이 또래 6학년에 비해 낮았다는 것이고, 알고 있는 어휘 수준도 그 정도였다는 말이다.

그뿐만 아니라, 책을 읽고 난 후 느낀 점을 말로 표현하는 활동을 할 때면 아이는 정해진 정답을 말하는 기계 같았다. 나는 그 아이를 수업할 때마다 유심히 관찰했다. 후에 내가 알게 된 것은 이 아이는 수학적 재능이 뛰어나서 초등학교 2학년 때부터 영재로 분류되었다. 영재가 된 이 아이를 영재답게 기르려는 엄마의 욕심에 따라 그때부터 자기가 소화해낼 수 없는 어려운 책을 읽어왔다. 이 아이에게 책은 그야말로 영재에게 어울리는 행위 중 하나일 뿐 즐겁고 재미있게 읽었던 것이 아니었다. 나는 아이 엄마와 상담을 한 후 아이와 쉬운 그림책부터 함께 읽기 시작했다. 수업시간마다 그림책을 읽으며 웃고, 대화하고, 재미있는 상상을 하며 책 읽는 시간을 즐겁게 만들어주었다. 두 달쯤 지나 나는 서서히 글자가 많은 책, 그렇지만 아직은 어휘가 쉬운 책들을 읽도록 했다. 역시 아이는 재미있어 했고, 그 후로 서서히 단계를 높여 읽히니 아이는 그제야 책 읽는 일이 즐겁다는 것을 느끼게 되었다. 그렇게 되니 자연스럽게 할 이야기도 많아지고, 자연스럽게 글쓰기도 풍성해졌던 기억이 난다.

이처럼 수학영재라고 해서 책을 잘 읽는 것은 아니다. 또 나이가 많고 학년이 높다고 해서 두껍고 어려운 책을 잘 읽을 수 있는 것도 아니다. 아이의 어휘 수준과 지적 수준을 잘 고려해 책을 읽히는 것이 가장 좋은 방법이다. 이때 절대 다른 아이와 비교하는 것은 금물이다. 아이의 어휘 수준과 지적 수준을 판단하기 어려울 때는 무조건 쉬운 책을 먼저 읽히는 것을 권한다.

AI 시대 초등 공부, 책 읽기가 전부다

04

초등학교 4학년 아이도
엄마가 책 읽어주는 것을 좋아한다

짐 트렐리즈의 저서 《하루 15분 책 읽어주기의 힘》에서는 아이에게 책을 전혀 읽어주지 않는 것과 맞먹을 정도로 큰 실수는 너무 일찍 읽어주기를 그만두는 것이라고 말한다. 1983년 미국의 읽기위원회는 책 읽어주기를 전 학년 내내 지속해야 한다고 주장했다. 전 학년 내내 지속해서 책을 읽어주라는 이 말에 나는 전적으로 동의한다. 또한 짐 트렐리즈는 어른이나 교사가 아이에게 책을 읽어주는 것은 독서의 즐거움에 대한 광고 방송을 하는 것이라고 한다. 하지만 어른들은 광고 횟수를 늘리기보다는 오히려 줄이고 있다. 아이가 자랄수록 책을 읽어주는 횟수가 점점 줄어든다는 뜻이다. 이 말에 자신의 이야기처럼 뜨끔한 부모들이 많을 것이다. 우리 학생들의 이야기를 들어봐도 너무 일찍 책 읽어주기를 그만둔 가정이 많다. 아이가 초등학교에 들어가면 더 이상 읽어주지 않아도 된다는 생각에 아이들에게 책 읽어주기를 모두들 그만둔다.

"이제 초등학교 4학년이고, 글도 잘 읽는데 굳이 책을 읽어줄 필요가 있을까요?"

이렇게 질문하는 엄마들이 많다. 대부분의 엄마들은 읽고, 듣는 이 두 가지에 차이가 있다는 것을 모르기 때문이다. 전문가들의 견해에 따르면, 듣기와 읽기 수준은 중학교 2학년쯤이 되어야 같아진다고 한다. 이 말은 읽는 것보다 더 높은 수준의 것은 듣고 이해할 수 있다는 것이다. 실제로 아이들이 읽기 힘든 수준의 책을 읽을 경우, 아이 혼자 읽을 때보다 누군가 읽어주었을 때 더 잘 이해한다는 것을 알 수 있다. 재미있는 동화책을 초등학교 1학년 아이가 혼자 읽는다면, 아이는 글자 하나하나를 읽기에 바빠 책 속에서 주는 재미를 덜 경험하게 된다. 하지만 어른이 읽어주었을 때는 재미를 느끼며 '깔깔' 웃는다. 읽어주는 이의 감정과 억양 등이 아이의 오감을 자극하면서 글 속의 재미를 더욱 풍성하게 해주기 때문이다. 즉 아이들이 혼자서 읽을 때는 이해하지 못할 복잡하고, 재미있는 이야기도 들을 때는 이해할 수 있다는 것이다.

이제 듣기 수준과 읽기 수준의 차이를 알았으니, 아이가 크더라도 책을 꾸준히 읽어줘야 하는 이유가 분명해졌다. 또한 아이에게 책을 읽어주면 정서적 유대감도 형성된다는 매우 큰 장점이 있다. 심리전문가들은 관계의 질을 높이기 위해서는 대화를 많이 하라고 한다. 하지만 막상 대화를 하려고 하면 대화의 소재가 한정되어 있다. 그때 책이라는 좋은 매개체를 사용하자. 책을 읽어주면 부모와 자녀 사이에

AI 시대 초등 공부, 책 읽기가 전부다

감정이 하나로 연결되는 정서적 유대감이 형성된다. 아이와 함께하고 싶을 때, 관계의 질을 높이고 싶을 때, 아이와 소통하고 싶을 때, 아이가 즐거워할 책을 가지고 아이에게 다가가 읽어주자. 부모와 자녀 사이가 놀랍도록 달라지는 것을 경험하게 될 것이다.

　나도 아이가 생겨 태교를 할 때부터 초등학교 입학 전인 7세까지 틈틈이 시간 날 때마다 책을 읽어주었다. 특히 잠자리에 들 때는 책을 꼭 읽어주었다. 그러다 아이가 한글을 줄줄 읽고, 초등학교에 들어가자 책 읽어주기를 그만두었다. 엄마가 책을 읽어주지 않으면 스스로 책을 읽는 아이는 그리 많지 않다. 왜냐하면, 기본적으로 인간의 뇌는 책 읽기를 좋아하게 만들어지지 않았기 때문이라고 한다. 우리 아이도 그렇게 한동안 책을 안 읽었다. 그러다 2학년이 되어 앞서 말한 영어 선생님을 통해 책을 읽혀야 한다는 조언을 듣고, 나는 다시 책을 읽어주기 위한 노력을 했다. 먼저 내가 책을 읽기 시작했고, 두 번째 방법으로 책을 다시 읽어주기로 했다. 초등학교 2학년밖에 되지 않았지만, 왠지 책을 읽어주기에는 훌쩍 커버린 것 같은 아이와 함께 그림 동화책을 들고 아이의 침대로 갔다. 아이도 어색한지 '엄마가 왜 이러나!' 하는 눈으로 나를 바라봤다. 어색하지만 아이를 위해서라면 뭐든 못하겠는가 싶어 "오늘부터 자기 전에 엄마가 책 읽어주려고"라고 했다. 그랬더니 아이는 의외로 매우 좋아했다. 그렇게 다시 잠자기 전 책 읽기가 시작되었다.

　다른 가족들을 뒤로하고 아이가 잠잘 시간이 되면 동화책을 3~5

권 정도 들고 아이와 함께 아이 방으로 간다. 이때 동화책은 일주일에 한 번 도서관에서 대여해온 책들이다. 매주 신선하고, 재미있고, 아이가 즐겁게 볼 책들을 아이와 함께 도서관에 가서 빌려온다. 일주일을 그렇게 재미있게 읽고, 다시 다른 책으로 빌려온다. 그림책을 읽어주는 그 시간은 나도 정말 즐겁고 행복하다. 많은 부모들이 책 읽어주는 것을 육아의 하나로 여기거나, 일로 여기면 귀찮고 힘든 일이 될 것이다. 그렇지만 이 시간에 엄마도 아빠도 동심으로 돌아가 아이와 함께 즐겁게 읽는다면 모두에게 더없이 행복한 시간이 될 것이다. 또한 오래오래 아이의 기억에 남을 것이다. 이것이야말로 돈 안 들이고 할 수 있는 최고의 놀이다.

어느 날, 아이와 나는 《우리 반 일등은 외계인》이라는 책을 아주 재미있게 읽었다. 이 책은 비현실적으로 완벽하고 초인적인 능력을 자랑하는 일등과 매일 놓치고, 까먹고, 엉뚱한 장난과 말썽을 일삼는 반 아이들의 이야기다. 책의 그림은 개성이 넘친다. 아이들의 장난기 가득한 표정을 익살스럽고 재미있게 표현했다. 강렬한 원색을 사용해 책에 활력을 불어넣었고, 책장을 넘길 때마다 재미있는 그림들이 새롭게 등장한다. 그림뿐만 아니라, 글을 읽는 재미가 넘치는 책이었다.

일등은 항상 학교에 일찍 와.
아주, 아주, 아주 일찍!
시간에 딱 맞춰 등교를 하는 건

AI 시대 초등 공부, 책 읽기가 전부다

그 애한테 늦은 거나 마찬가지거든. 일등 사전에 지각이란 없어.

반면에 넌 수업시간에 아슬아슬하게 도착하지.
이도 닦지 않은 채 이마에 땀을 줄줄 흘리면서
헐레벌떡 뛰어 들어오잖아.
어떤 때는 볼에 잼을 묻혀 오기도 해.
아침을 먹다 꾸벅꾸벅 졸았던 거지.

이렇게 일등과 상반되는 아이의 이야기가 이 책에 펼쳐져 있다. 우리는 래퍼가 되어 문장을 랩으로 부르면서 깔깔거리고 발을 구르며 배꼽을 잡고 웃었다. 같은 책을 읽어도 어떤 사람은 그냥 아무 재미없이 읽을 수 있고, 또 어떤 부모들은 아이에게 일등을 닮으라면서 교훈을 심어주려고 할 수도 있다. 하지만 나는 아이와의 즐거움과 재미를 선택했다. 그날 우리의 웃음소리에 거실에 있던 다른 가족들이 우리를 이상하게 볼 정도였다. 지금도 이 글을 쓰며 그날을 떠올리니 웃음이 나고 행복하다. 내 아이가 본격적으로 책을 즐겨 읽고 책을 잘 읽게 된 시점은 이때부터였다. 불과 3~4개월의 노력으로 아이와 나는 행복한 경험을 했고, 아이는 책 읽기를 좋아하게 되었다. 아무런 노력이나 투자 없이 이루어지는 것은 없다. 아이가 책을 안 읽는다고 한숨만 쉬지 말고 오늘부터 당장 아이에게 책을 읽어주자!

아이들의 이야기를 들어보면 저학년이든 고학년이든 부모가 자기들에게 다정하게 다가와 책 읽어주기를 원한다. 간혹 내가 수업을 하다가 "오늘은 선생님이 읽어줄까?"라고 하면 일제히 "와~" 하고 함성을 지른다. 아이들은 아직 교사나 부모의 따뜻한 사랑이 담겨 있는 목소리로 편안하게 책 읽기를 하고 싶은 것이다. 우리 아이가 진정으로 책을 즐겨 읽기를 원하는가? 그렇다면 당신도 아이와 함께 책을 즐겁게 읽기를 권한다. 책을 읽어주는 일은 그야말로 돈 들지 않는, 그렇지만 최고의 효과를 볼 수 있는 유일한 놀이다. 그야말로 가성비 최고의 놀이는 바로 우리 아이에게 책을 읽어주는 것이다.

05

질문을
자주하라

아이와 함께 책을 읽을 때, 혹은 아이에게 책을 읽으라고 할 때 책
의 겉표지를 읽히는가? 나는 내 아이든, 수업을 받는 학생이든 책을
읽기 전에 책의 표지부터 읽힌다. 책의 겉표지에는 많은 의미와 메시
지가 담겨 있다. 그 책의 내용을 요약해서 하나의 그림이나 문장으로
표현해놓은 것이 표지다. 그래서 나는 아이들에게 표지부터 읽기를
권하고 있다. 표지를 읽는다는 것은 아이에게 표지에 대해 질문하는
것이다. 예를 들면, 이런 질문들이 표지 읽기에 좋은 질문들이다.

"표지에 그려진 그림을 보니까 어떤 느낌이 들어?"
"제목을 보니까 무슨 일들이 일어날 것 같니?"
"이 아이의 표정은 왜 이럴까?"
"이 책의 주인공은 누굴까?"

"이 책에 나오는 사람들은 어느 나라 사람들일까?"

"표지의 그림을 보고 어떤 일이 일어날 것 같은지 이야기해줄래?"

사람은 누구나 질문을 받으면 대답하게 되어 있다. 대답한다는 것은 생각해야 하고, 생각한 것을 말로 표현하는 것이다. 이렇게 꾸준히 하다보면 표지 하나를 가지고도 아이의 사고가 확장되고, 말하기 훈련, 즉 어휘력, 발표력이 동시에 좋아지는 큰 효과를 거둘 수 있다. 또한 무엇보다 아이가 책을 읽기 전에 호기심이 충만해진다는 큰 장점이 있다.

책을 읽는 중에도 아이에게 질문을 계속한다. 다양한 질문은 아이의 흥미를 유발하고, 호기심과 상상력을 높여주기 때문이다.

"다음엔 어떻게 되었을까?"

"이 아이는 어떻게 될 것 같아?"

"너라면 어떻게 하겠니?"

"이 아이는 어떤 감정을 느꼈을까?"

"너에게도 이런 경험이 있니?"

한 장 한 장 넘길 때마다 질문으로 아이의 호기심과 상상력을 높이고, 말할 기회를 많이 만들어준다면 그 아이는 분명 책을 즐겨 읽고, 책 읽는 것을 가장 좋아하는 아이로 자랄 것이다.

나는 아이들이 책을 천천히, 오래 읽도록 한다. 책을 읽는다는 표현보다는 '꼭꼭 씹어 먹자'라는 표현을 쓸 때가 있다. 맛있는 음식을 입에 넣고 그 맛을 음미하며, 천천히 씹을 때 맛의 깊이가 느껴지듯이 말이다. 아이들은 대견스럽게도 몇몇 아이들을 제외하고는 정말 꼭꼭 씹어서 그 맛을 잘 음미하며 읽는다. 그것이 바로 독서의 맛을 제대로 본 것이다. 이렇게 독서의 맛을 제대로 본 아이들은 누가 책 읽으라는 말을 하지 않아도 스스로 책을 찾아서 읽게 되어 있다. 책은 절대 빠르고, 급하게 읽지 않는 것이 좋다.

책을 읽고 있는 아이에게, 혹은 책을 읽어주며 질문을 한다는 것은 아이에게 기회를 주는 것이다. 질문은 아이가 말할 기회와 자기의 생각을 표현하는 기회를 준다. 어른들은 좀처럼 아이가 말할 시간을 주지 않는다. 거의 대부분은 어른들의 일상적인 물음에 대답을 하는 형식이다. 그렇지만 책을 읽으며 질문하고, 그 질문을 통해 아이가 자기의 생각과 느낌을 말하는 것은 진짜 자기의 이야기를 하는 것이다. 질문을 함으로써 얻는 또 다른 좋은 결과는 아이가 말을 조리 있게 잘할 수 있도록 해준다는 것이다.

말을 많이 하는 한 아이가 있었다. 이 아이는 잠시도 쉬지 않고 말을 하며 웃는다. 얼핏 보기에는 상냥하고 말을 잘하는 아이로 보일 수 있다. 하지만 자세히 들어보면 낮은 수준의 비슷한 단어만 계속 되풀이해서 말한다. 몇 개 안 되는 단어를 사용해 쉴 새 없이 말한다. 이 아이에게 가장 우선되어야 하는 것은 어휘 수준을 높여주는 것이었다. 책을 읽을 때마다 모르는 단어나 이해가 되지 않는 문장을 질문하도록 했다. 또래 아이들보다 모르는 것이 많았다. 그래서 아이만의 단어사전을 만들어 새로운 단어들을 배우는 데 중점을 두었다. 그다음부터는 몇 개 안 되는 단어를 가지고 흐지부지하게 말하면서 웃음으로 얼버무렸던 아이의 말하는 태도를 독서를 통해 교정할 수 있었다.

방법은 역시 질문이었다. 책을 읽고 느낀 점 말하기, 주인공에 관해 이야기하기, 다음에 펼쳐질 내용 상상해서 말하기 등 아이가 말할 기회들을 많이 만들어주었다. 그렇게 책 한 권 한 권은 이 아이의 어휘 수준을 높여주었고, 말하기를 통해 자기의 생각을 정확하게 잘 표현하는 아이로 변화시켜주었다. 자신이 변화되는 모습을 느낀 아이는 당연히 나와 하는 독서 수업이 즐겁고, 책 읽는 일이 가장 즐겁다고 이야기하지 않겠는가?

어른들은 질문 받는 것을 두려워한다. 나도 공식적인 자리에서 나에게 질문이 던져질 때면 항상 긴장을 하니까 말이다. 우리 부모 세대들은 말할 기회가 많지 않았다. 공교육에서도 우리는 선생님이 물어보는 것 외에는 질문을 많이 한다거나, 말을 많이 하지 못했다. 그래서 질문을 받고, 질문하는 것에 익숙하지 않다.

또 요즘 부모들은 모두 너무 바쁘다. 멀티플레이어가 되어 여러 가지 역할을 해야 하는 실정이다 보니 차분하게 시간을 내어 아이와 이야기하기가 어려운 가정이 많다. 그래서 아이들은 점점 말할 기회가 줄어들고, 자기의 생각을 표현할 때도 많지 않다. 거기에 대한 유일

AI 시대 초등 공부, 책 읽기가 전부다

한 대안이 바로 독서다. 책을 읽고, 책을 통해 질문을 받고, 그 답을 조리 있게 말로 표현하고, 자기의 생각과 느낌, 감정을 마음껏 표현할 수 있다. 책을 읽으며 질문을 통해 자신이 주인공이 되는 경험을 한 아이는 손에서 책을 놓지 않는다.

내가 독서 수업을 하며 사용하는 유용한 질문기법으로는 질문 만들기가 있다. 아이들에게는 쉽게 '퀴즈 만들기'라고 한다. 3~4명을 한 그룹으로 하고, 그룹구성원 모두가 읽은 책으로 한 사람이 한 권의 책에서 5개 또는 10개의 퀴즈를 만든다. 상대에게 퀴즈를 내려면 아이는 책 전체를 파악해야 한다. 가능하면 상대가 알아맞히기 어려운 것을 퀴즈로 내는 것이 전략이다. 그러려면 아이는 눈을 크게 뜨고 머리를 이리저리 굴리게 된다. 바로 이 부분에서 아이의 뇌가 활발하게 움직이고, 퀴즈를 내고 푸는 상호 활동 속에서 사회성, 질문 기술, 생각 정리 등 다양한 영역들이 폭발적으로 발전한다.

나는 수업에서 '퀴즈 만들기 대회'를 하는 날, 가장 흥미롭게 아이들을 관찰한다. 나이가 어린데도 아주 예리한 질문을 해서 나를 깜짝 놀라게 하는 아이가 있고, 분명 똑똑하고 책을 많이 읽는데도 질문 기술이 떨어지거나, 상대방에게 자신의 의사를 제대로 전달하지 못하는 아이도 있다. 다방면으로 아이를 관찰하고, 그에 맞는 지도를 할 수 있어서 좋은 시간이다. 아이들 역시 매우 신나는 모습이다. 퀴즈를 푸는 재미와 문제를 만드는 재미가 아이들을 흥분하게 한다. 자기가 질문을 만든 그 책은 영원히 잊을 수 없는 책이 될 것이다. 먼 훗날, 지금의 일을 추억하며 흐뭇한 미소를 지을 아이를 생각하면 내 가

습도 따뜻해진다.

　질문의 힘은 위대하다. 인류가 발전해온 과정을 보라. 위대한 누군가의 호기심 어린 질문으로 생각지 못한 발전을 이뤘다. 질문은 생각지 못했던 우리 아이의 장점과 단점을 볼 수 있게 해주는 돋보기 역할도 한다. 부모들이 생각하는 것보다 더 위대하고 멋진 아이로 키울 수 있는 최고의 기술이 질문이다. 흔히 하는 "밥 먹었니?", "숙제는 다 했어?", "손은 씻었니?" 등은 질문이 아니다. 확인하는 것이다. 진정한 질문은 아이의 생각을 자극하고 아이의 마음을 열어주며, 아이가 귀를 기울이게 한다. 어렵지 않다. 아이에게 먼저 시간을 내어주고, 여유로운 마음으로 책을 들고 다가가라. 책 표지부터 시작해 한 장 한 장 넘길 때마다 질문을 하자! 부디 다음과 같이 질문을 통해 아이와 많은 대화를 하는 행복하고 즐거운 '책 읽는 시간'이 되기를 바란다.

　"그다음은?"
　"이제 어떻게 되었을까?"
　"너라면 어떻게 하겠니?"
　"느낌이 어때?"

AI 시대 초등 공부, 책 읽기가 전부다

06

아이가 고른
새 책들을 쌓아둬라

언젠가부터 스트레스가 많이 쌓이거나 여러 가지 생각과 고민으로 마음이 답답할 때면 도서관이나 서점으로 달려간다. 책을 좋아하는 나는 새로운 책들이 많이 있는 것만 보아도 흥분되고 기분이 좋아진다. 일부러 내용이 어려운 책, 두꺼운 책, 그리고 관심 분야의 책들을 고른다. 그렇게 책을 잔뜩 들고, 집에 와서 그 책들을 쌓아놓고 한 권씩 읽기 시작한다. 어려운 내용의 책들은 이해하기 바빠서 다른 생각을 할 틈이 없다. 책을 읽는 중에도 기다리고 있는 또 다른 책에 마음이 가 있다. 그러니 자연히 책 읽는 속도가 빨라지고, 나의 뇌가 바쁘게 움직이니 고민이나 스트레스 따위가 있을 공간이 없다. 이것은 나만의 스트레스 해소법이 되었고, 무기력한 나에게 활력을 주는 나만의 해법이 되었다.

책으로 스트레스나 큰 고민을 이겨냈다고 하면 많은 사람들이 이해하지 못할 수도 있다. 그 이유는 아직 책의 깊은 맛을 보지 못했기 때문이 아닐까? 책에 몰입하는 경험을 한 사람만이 이해할 수 있는 특별한 경험이기 때문이다. 문제에 몰입할 것인지, 새로운 지식과 새로운 사람들의 경험이 담긴 책에 몰입할 것인지 중에 나는 후자를 선택한 것이다.

이 습관은 하루아침에 생긴 것이 아니다. 나도 처음부터 책을 잘 읽고, 즐겨 읽고, 많이 읽었던 사람이 아니다. 아이를 키우며, 잘 키우고 싶은 마음에 자녀를 잘 키운 대선배들의 이야기를 책을 통해 들었다. 그리고 꿈을 이루기 위해 도전한 사람들의 이야기를 책을 통해 만났다. 그러다 보니 어느새 책은 내 인생의 길잡이가 되어주었고, 책이 내 삶으로 쑥 들어와버렸다.

어른, 아이 할 것 없이 좋은 습관을 만드는 데는 의지가 필요하다. 우리 인류는 가만히 두면 부정적으로 흘러가게 되어 있고, 책을 읽도록 만들어지지 않았다. 그래서 책을 읽는 좋은 습관을 만들려면 의도적으로, 의지를 갖고 습관이 몸에 밸 때까지 책을 읽어야 한다. 우리 아이들도 마찬가지다. 책 읽는 좋은 습관을 만들어주고 싶다면 그 습관이 몸에 배어 자동화될 때까지 옆에서 어른이 계속 도와줘야 한다. 좋은 습관은 절대 하루아침에 되는 것도 아니고, 자동적으로 만들어지는 것도 아님을 어른들이 먼저 알고 있어야 한다. 명심하자! 책 읽는 행동이 몸에 배어 습관이 될 때까지 어른들의 도움이 꼭 필요하다.

책 읽는 좋은 습관을 만들어주기 위해 어른들이 도울 수 있는 구체

AI 시대 초등 공부, 책 읽기가 전부다

적인 방법을 소개하자면, 우선 아이가 좋아하는 책을 아이 주변에 많이 쌓아두자. 사람은 아무리 화려한 진수성찬이라도 내가 좋아하지 않는 음식이라면 입에 대지 않는다. 아이들도 마찬가지다. 집에 아무리 고가의 책들이 쌓여 있고, 쉽게 구할 수 없는 특별한 책이더라도 그 책들이 아이의 관심 분야가 아니라면 아이는 손도 대지 않는다. 그래서 중요한 것은 아이가 자기의 의사를 표현할 수 있는 나이에 아이가 직접 고른 책들을 구매해주는 것이다. 꼭 새 책을 사지 않아도 된다. 요즘은 어느 도시나 도서관이 많기 때문에 도서관을 잘 활용하면 돈을 들이지 않고도 많은 책들을 볼 수 있다. 그야말로 책의 풍요로움 속에서 살고 있다. 이런데도 책을 안 읽는 아이들이 많다는 것은 어른들이 아이들에게 책을 읽히려는 노력을 하지 않기 때문이다.

자, 이제 아이와 도서관이나 서점으로 가자. 아이들에게 자기가 읽고 싶은 책을 마음껏 고르게 하자. 물론 부모의 지침이나 가이드라인은 분명하게 있어야 한다. 서점에서는 비용이 드니까 여러 권의 책을 한꺼번에 살 수 없으니 아이가 좋아하는 책, 꼭 갖고 싶은 책을 사면 된다. 도서관은 돈을 들이지 않고 많은 책을 빌릴 수 있으니 얼마나 좋은가! 도서관을 이용한다면 한두 권이나 고작 몇 권은 아이를 자극하지 못한다는 것을 기억하고 여러 권의 책을 대출하자. 가족카드까지 총동원해서 아이가 스스로 자신이 볼 책들을 빌리게 하자. 그리고 집에 와서 책들을 쌓아둔다. 책을 처음부터 끝까지 읽으라고 강요하지 말자. 또 어떤 책을 먼저 읽으라고 간섭하지도 말자. 어떤 책은 제목만 보고 읽지 않고 그대로 반납할 때도 있다. 모두 좋다. 아이는 제목만 보고도 충분히 새로운 경험을 한 것이고, 새로운 지식을 쌓은 것이다. 이렇게 쌓아둔 책들은 아이의 손이 자꾸 가게 되어 있다. 자기가 직접 선택했기 때문이다. 관심과 책임, 이 두 가지가 아이를 책 속으로 푹 빠지게 한다. 이 행동을 한 번 했다고 해서 아이가 금방 달라지지는 않는다. 습관은 반복이다. 꾸준히 여러 번 반복해서 하다 보면 책을 읽는 일이 아이의 취미나 여가활동이 될 것이다.

나는 내 아이에게 꼭 읽히고 싶은 책이나 시리즈가 있을 때는 혼자 결정하거나 먼저 사지 않는다. 읽히고 싶은 책들에 대해 사전에 여러 번 언급한다. 그리고 아이와 함께 인터넷검색을 해보고, 책을 쓴 저자에 대해서도 이야기를 나눈다. 책에 대해서 내가 알고 있는 지식을 총동원해 광고하는 셈이다. 삼국지나 삼국유사, 해리포터 등과 같은 시리즈를 읽히고 싶을 때도 남자라면 꼭 읽어야 할 책이라고 말했더니 아이가 솔깃했다. 어떤 경우에는 포상을 약속하기도 한다. 아이는 점점 엄마가 권해주는 책에 관심이 생기고, 궁금하고, 읽고 싶어진다. 이쯤 되면 책을 읽을 마음의 준비가 된 것이다. 그러면 그때 아이와 함께 책을 주문한다. 아이는 어느새 그 책이 오기를 기다린다. 책이 도착하면 읽으라고 하지 않아도 자기가 먼저 읽는다.

많은 엄마들은 자신이 선택한 책을 아이의 의사도 묻지 않고 반강제적으로 읽으라고 한다. 물론 그것도 맞는 방법이고 그래야 하는 것도 사실이다. 하지만 아이는 자신이 선택한 책을 읽고 싶어 한다. 엄마가 먼저 덜컥 구매한 후 읽으라고 명령하는 것이 아니라, 사전에 책에 대해 궁금해 하고, 읽고 싶도록 자극을 주자. 그렇게 해서 아이와 함께 구매한 후 자신이 그 책을 선택했고, 샀다는 책임감을 심어주자. 그러면 몇몇 아이를 제외하고는 자신이 선택한 책을 읽기 마련이다.

아이에게 자신이 읽을 책을 선택하는 자유는 내 독서 수업에도 적용된다. 일주일에 하루 목요일은 자기가 읽고 싶은 책을 마음껏 골라 읽는 날이다. 아이들은 이 날을 매우 좋아한다. 아직 자신에게 맞는 책이 뭔지 몰라 선택이 서툰 아이도 있고, 이제는 제법 자신의 수준을 알고 자기에게 맞는 책을 잘 고르는 아이도 있다. 서툰 아이는 서툰 대로, 잘 선택한 아이는 잘 선택한 대로 모두에게 값진 경험이 된다. 자신이 직접 책을 고르는 행동은 아이에게 매우 중요하다. 첫 번째는 자기의 수준을 알게 된다. 두 번째는 자신이 무엇에 관심 있는지 알게 된다. 세 번째는 책임감과 뿌듯함을 느낀다. 네 번째는 지구력과 집중력이 생긴다.

엄마들이 별것 아닌 것처럼 여겼던 책 고르는 행동이 아이에게는 얼마나 큰 영향을 미치는지 안다면 이제부터는 아이에게 책을 선택할 권리를 주지 않겠는가? 아이들은 자기 인생의 주인이 되고 싶어 한다. 자기가 읽을 책을 자기가 고르게 하는 행동이 곧 자신의 주인이 되는 경험을 하게 한다는 사실을 잊지 말고 기억하자.

많이 쌓아 둔 책들이 우리 아이를 다가오라고 손짓할 것이다. 책의 빈곤은 결코 우리 아이를 책 잘 읽는 아이로 만들지 못한다. 요즘같이 책이 풍요로운 시대에 우리 아이도 책의 풍요로움을 만끽할 수 있도록 책을 넘치게 쌓아두자. 아이가 읽고 싶은 책들은 반드시 우리 아이를 독서광으로 만들어줄 것이다. 읽고, 읽고, 그래도 또 읽을거리가 있도록 만들어주자.

만화도 좋다.
마음껏 읽게 하라

　"만화책은 절대 안돼!"라고 말하는 부모들을 종종 만난다. 만화책이 아이들에게 유익한지 아닌지는 여전히 전문가들 사이에서도 의견이 분분한 것이 사실이다. 내 생각에 만화책의 긍정적인 부분이라면 만화로 된 책은 글자로 된 책보다 아이들이 이해하기 쉽다는 것이다. 아이들이 독서의 세계로 들어올 수 있도록 다리 역할을 해준다고 할까? 또 어려운 책들의 입문서 역할도 톡톡히 해준다. 만화의 긍정적인 부분을 한 가지 더 말하자면, 다양한 배경 지식과 정보들을 제공하는 훌륭한 역할을 한다고 본다.

　사실 나는 만화책을 좋아하지 않는다. 나의 어린 시절과 청소년기 시절을 돌아보면, 그때는 지금처럼 집에 책이 많은 집이 흔치 않았다. 그래서 책을 좋아하는 아이들은 돈을 주고 빌려보거나, 만화방에 가서 간식을 먹으며 만화책을 쌓아놓고 보기도 했다. 아이들 대부분은 만화를 더 좋아했다. 그렇지만 나는 만화책을 좋아하지 않았다. 여기저기에 있는 말풍선들을 순서대로 읽기가 매우 정신없고 산만했다. 그런 나는 글자책을 주로 빌려보았다. 만화를 보지 않는 것은 지금도 마찬가지다. 신문이나 인터넷에 한 토막씩 나와 있는 만화도 잘 보지 않으니 나는 분명 만화를 좋아하는 편은 아니다. 이런 내가 아이들에게 만화도 읽히라고 말하는 이유는 만화를 읽혔을 때 긍정적인 효과를 보았기 때문이다.

대형서점에 가보면 책을 마음껏 볼 수 있도록 되어 있다. 그렇지만 아이들에게 인기 있는 만화책들은 비닐로 꽁꽁 싸매어 놓았다. 아이가 사고 싶다며 만화책을 들고 온다. 엄마 입장에서는 안의 내용을 보고 구매 결정을 하고 싶은데, 도통 안을 볼 수 없으니 일단 구매 먼저 하고 집에 와서야 안의 내용을 볼 수 있다. 왜 그렇게 비닐로 꽁꽁 싸매어 놓았을까? 만화책을 너도나도 볼 수 있도록 했다면 아마 만화책의 판매율은 뚝 떨어질 것이기 때문이다. 그만큼 만화 중에는 한 번 보면 더 이상 볼거리가 없는 가성비가 최악인 만화책도 분명 있다. 그런데 나와 내 아이가 만난 만화는 그렇지 않은 만화들이 많았다.

예를 들면, 'Why? 시리즈'의 인문사회교양 분야나 인문고전 같은 경우가 그랬다. 아이가 이해하기 어렵고 읽히기에 부담스러운 《논어》, 《종의 기원》, 《목민심서》, 《자본론》, 《군주론》, 《사회계약론》 등의 책들을 쉽게 접할 수 있게 해주었다. 이런 책들은 글자책부터 읽히기가 쉽지 않다. 그래서 먼저 만화로 본 아이라면, 시간이 흘러 글자

책으로 읽었을 때 훨씬 거부감 없이 받아들이고 내용 이해도 빠르다.

또 한 예로는 《먼나라 이웃나라》, 《그리스로마신화》를 비롯한 세계사와 한국사, 과학 분야 등의 책들도 만화로 먼저 읽어본 아이들이 나중에 글자책으로 읽어야 할 때 거부감 없이 끝까지 잘 읽는다. 이처럼 만화는 아이들의 배경 지식 쌓기와 어려운 책들의 입문서로서 긍정적인 역할을 한다.

반면, 만화책에는 폐해도 분명 있다. 만화는 쉽고, 그림으로 되어 있어 읽기 편하고 재미있다 보니 만화에 중독되면 글자책 읽기가 어려워진다. 또 만화는 단순한 어휘로 쓰여 있어 어휘력이 늘지 않는다. 만화는 아이의 상상력을 결여시키는 단점들도 있다. 그러므로 부모들은 아이에게 적절하게 만화를 조절해줄 필요가 있다. 너무 극단적으로 만화를 보지 못하게 한 아이는 만화를 본 아이들보다 결핍된 부분들이 반드시 있을 것이다. 또 너무 개방적으로 방임한 결과, 만화에 중독되어 만화만 보게 되는 경우도 적지 않다. 만화의 역할은 가끔씩 먹는 달콤한 초콜릿 같은 역할이라고 생각하면 어떨까? 아이들에게 있어서 독서는 그리 재미있는 활동이 아니기에 길고 지루한 독서 중에 가끔 먹을 수 있는 달콤한 초콜릿, 또한 어렵고 낯선 도서들을 읽기에 앞서 이해를 돕기 위한 입문서로 만화를 활용한다면 어떨까?

아이들에게 책뿐만 아니라 많은 읽을거리를 마련해주라는 당부도 하고 싶다. 초등학교 3학년 이상 아이에게는 신문을 꼭 읽히라고 한다. 신문을 읽는다는 것은 아이를 더욱 폭넓은 세계로 인도하는 일이다. 아이가 신문을 읽고 꼭 정치를 이해하고, 사회, 경제 분야를 받아들일 수 없을지라도 다양한 소식을 들어서 익히게 되고, 다양한 글감과 시대의 흐름을 파악할 수 있게 된다. 우리 아이에게 처음 신문을 읽히기 시작한 것은 아이가 4학년이 되었을 때다. 신문은 아이보다 사실은 나에게 더욱 필요했다. 내가 더 발 빠르게 시대를 읽어야 아이들을 바르게 지도할 수 있다는 생각과 많은 정보를 취하고 싶었기 때문이다. 그즈음 아이에게도 신문 읽기를 해주면 좋겠다는 생각에서 신문 구독 신청을 했다. 어떤 신문을 봐야 할지 선택하기 어려웠다. 한 신문사만 보지 말고 보수와 진보 성향의 신문 모두를 균형 있게 읽어야 한다고 하는데, 사실 하나의 신문 읽기도 바쁠 것 같아 익숙한 신문사 한 곳으로 결정했다. 신문이 도착했다. 아이는 웬 신문이냐며 거들떠보지도 않았다. 내가 먼저 신문을 찬찬히 읽어내려갔다. 예상대로 TV 뉴스나, 인터넷 기사보다 읽을거리가 풍부했다. 생각지 못한 정보들을 덤으로 얻기도 했다. 그다음은 아이 차례였다. 초등학교 4학년 남자아이에게 처음부터 신문을 읽으라고 하면 당연히 거부할 것이라는 마음에 아이와 큰 제목만 읽는 신문을 가지고 놀도록 했다. 아이는 마치 서너 살 아이가 된 것처럼 찢고, 오리고, 거실에 가득 펼쳐놓고 밟기 놀이를 하며 신문을 가지고 재미있게 놀았다.

그렇게 며칠 동안 신문을 가지고 놀던 아이는 자기가 관심 있는 분야인 스포츠면을 찾아서 읽기 시작했다. 그다음은 엄마의 관심 분야를 찾아서 가져다줬다. 얼마나 기특한지 칭찬 세례를 해주었다. 신문

AI 시대 초등 공부, 책 읽기가 전부다

에 익숙해진 아이에게 나는 미션을 준다. 미션은 오늘의 대서특필된 기사 중 5가지를 찾아서 엄마에게 이야기해주기다. 아이는 신문을 펼쳐서 살펴보며 중요한 기사들을 뽑아 이야기해준다. 물론 너무 서툴고, 어느 날은 신문을 안 읽겠다고 반항하기도 한다. 그렇지만 나는 아이가 이만큼 해준 것만으로도 감사하고 대견하다.

엄마들은 꼭 책만 읽히려는 경향이 있다. 그것도 엄마들이 원하는 책들을 말이다. 요즘 같은 시대에는 꼭 책만을 강요하지 말았으면 좋겠다. 물론 책 읽기가 기본이 되어야 다른 읽을거리들을 읽는 순차적인 과정이 필수인 것은 사실이다. 어느 정도 책 읽기가 기본이 된 아이들에게는 앞서 말한 만화를 보게 하는 것도 도움이 되고, 여러 잡지 책을 읽는 것도 필요하다.

나는 지금 AI 시대를 잘 살아가기 위해 우리 아이들이 어떻게 준비해야 하는지를 고민하고 있다. 그러기 위해서는 현재와 미래를 빠르게 파악하고, 다양한 상황과 정보들을 접해야 한다고 생각한다. 신문도 좋고, 아이들이 볼 수 있는 다양한 잡지들도 볼 수 있도록 엄마들이 노력해야 한다고 생각한다.

'준비된 자만이 기회를 잡을 수 있다.'

이 말은 정말 이 시대에 더욱 필요한 말처럼 느껴진다. 하루하루가 달라지는 것이 아니라 시, 분, 초 시시각각 달라지는 세상을 우리 아이들은 살고 있고, 그 시대를 리드해나가야 하는 존재들이다. 그렇다면 작은 울타리 안에서 일어나는 일들이 전부인 양 살아가게 내버려둘 수는 없다. 빠르게 변해가는 세상에서 우리 아이가 살아가려면 더 넓은 사고와 다양한 지식과 멀리 내다볼 수 있는 안목이 필수요건이 되어야 한다. 더 나아가 나뿐만 아니라 우리, 우리나라뿐만 아니라 세계 여러 나라, 이렇게 확대된 시선과 생각으로 세계를 향해 관심을 가져야 한다. 그러기 위해서는 다양한 읽을거리, 다양한 볼거리를 아이에게 제공해주는 것이 부모의 몫이다.

이제 '만화는 안 돼!'라는 구시대적 사고에서 벗어날 수 있겠는가? 나는 비단 만화만을 말하는 것이 아니다. 만화를 포함해 신문, 잡지 등 시중에 나와 있는 풍부한 자료들을 우리 아이에게 소개해주고 만나게 해주기를 부모들께 당부한다. 그게 무엇이든 제재를 당한 아이보다 허용을 받은 아이들이 진취적이고 리더의 자리도 차지했다. 명확하고 분명한 경계선을 갖되 마음껏 허용해주는 수준 높은 부모들이 되기를 바란다.

AI 시대 초등 공부, 책 읽기가 전부다

4장.

독서로
AI를 이기는
8가지 비결

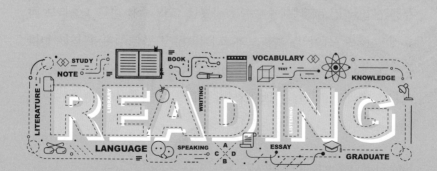

책 속 인물들을 통해
공감 능력을 키워라

안 에르보의 그림책 《내 얘기를 들어주세요》는 고양이가 사라져 슬퍼하는 한 아이, 브루의 이야기다. 고양이가 사라져 슬픔에 빠진 브루는 길을 걷다 많은 이들을 만난다. 카우보이 아저씨 앞을 지나는데 카우보이 아저씨가 먼저 말을 건넨다.

"브루야, 얼굴이 왜 그러냐?"

"고양이가 사라졌어요."

"아, 나보다 낫네. 나는 모자랑 열쇠 꾸러미랑 말이 다 사라졌다고!"

브루는 다시 계속 길을 가다가 까마귀 아주머니를 만난다.

"에구구, 겨우 그깟 걸 가지고 난리니?

난 코가 깨진 데다 발에는 자갈이 박혔다고!"

브루가 슬퍼하며 더 멀리 가는데… 누군가 울고 있었다.

"그래! 넌 고작 고양이 때문에 우는구나, 날 보렴! 난 이제 고향이 없어. 마을이 몽땅 물에 휩쓸려갔단 말이야!"

브루는 오히려 그들에게 미안하다고 말한다. 점점 힘이 빠지고 움츠러든다. 걷고, 걷다 만난 식인귀는 위가 텅텅 비었다고 하고, 고양이 파는 아저씨는 다른 고양이를 기르면 된다고 한다. 만나는 이들마다 고양이를 잃은 브루의 슬픔을 '고작'이나 '그깟 거'라며 아무도 들어주지 않는다. 그런 브루에게 한 마리 개가 다가온다.

"왜 그렇게 슬퍼하니?"

"아무것도 아냐, 아무것도."

브루는 자신의 슬픔을 이제는 아무것도 아니라고 한다.

"아무것도 아니라고?"

개는 브루에게 한 번 더 물어본다.

"사실은 슬퍼. 고양이가 사라졌거든. 부르면 달려오는 길고양이."

"그랬구나."

마음이 울컥해지는 "그랬구나"이다. 다른 이의 슬픔을 알아주는 이 한마디가 '공감'이다. 공감이란 타인의 생각과 감정을 타인의 입장에서 느끼고 이해하는 것이다. 특히 슬퍼하거나 고통받고 있는 사람들의 입장을 생각하고, 느낄 줄 알고, 그들의 고통을 덜어주기 위한 구체적인 행동을 할 줄 아는 능력이 '공감 능력'이다.

《내 얘기를 들어주세요》에서 브루가 만난 이들은 브루의 입장을 전혀 생각하지 않고, 자신들의 고통과 슬픔을 호소한다. 자신들이 더

AI 시대 초등 공부, 책 읽기가 전부다

아프고 자신에게 더 큰일이 닥쳤다고 한다. 우리는 대부분 이렇다. 다른 사람의 마음과 상황을 잘 공감하지 못한다. 심지어 내 아이의 마음조차도, 아이는 부모인 우리의 입장도 전혀 공감하지 못한다.

공감할 수 있는 마음은 배워야 한다. 공감은 저절로 생기는 감정이 아니기 때문이다. 사람은 이기적이다. 이것이 본능이다. 점점 더 개인주의화되고 자기애가 강한 사람들이 늘어나고 있지만, 공감 능력이 있는 몇 명의 사람들이 이 세상을 아름답게 변화시키고, 사람보다 몇백 배, 아니 몇천 배 능력이 있는 인공지능도 이기지 못하는 인간다운 인간이 될 것이다.

부모나 교사는 아이가 공감할 수 있는 마음을 갖도록 인도해야 한다. 아직 공감하는 마음이 서툰 부모나 교사라면 아이와 함께 연습해보자! 공감은 절대 그냥 생기지 않는다. 나는 심리상담학, 성격심리학을 공부했고 성경과 많은 도서들을 통해 나에게 없었던 공감 능력을 발전시킬 수 있었다. 또한, 20대 초반부터 시작한 사업을 통해 다양한 사람들과 다양한 상황을 접하다 보니 공감 능력은 나의 큰 재능이 되었다. 현재는 학원을 운영하면서 학생들을 교육하고, 부모님들과 상담하는 나에게 있어 공감 능력은 최고의 가치가 되었다.

공감 능력을 키울 수 있는 전제 조건은 다양한 사람과 다양한 상황을 최대한 많이 접해보는 것이다. 아이의 경우라면 또래 아이들과 노는 상호 작용 속에서 공감할 수 있는 마음을 가르치는 것이 좋다.

"네가 그렇게 했을 때 친구 기분은 어떻겠어?"

"저 친구는 어떤 생각을 할 것 같니?"

"네가 저 친구 입장이라면 어떻게 하겠니?"

또는 아이가 자기의 생각과 느낌을 잘 표현하는 것도, 공감 능력을 키우는 방법 중 하나다.

"나는 네가 그렇게 하지 않았으면 좋겠어."

"네가 그렇게 해줘서 너무 기뻐."

"나는 너랑 놀 때 가장 즐거워."

상대에게 자기의 감정을 이야기한다는 것은 자기의 감정을 안다는 것이고, 자기의 감정을 아는 사람만이 타인의 감정도 공감할 수 있다. 이런 상호 작용을 통해 어른, 아이 모두 공감을 배울 수 있는 좋은 기회가 된다.

공감 능력을 키울 수 있는 가장 좋은 방법은 책이다. 책이야말로 공감 능력을 키울 수 있는 좋은 재료다. 우리가 만나는 사람과 상황은 한정되어 있다. 특히 요즘 같은 개인주의 사회에서는 더욱 그렇고, 최근 코로나19로 인해 우리는 '사회적 거리두기'와 '비대면', '언택트' 사회가 되어 서로 만나기가 어려워졌다. 하지만 책 속에는 다양한 인물들과 다양한 상황이 있다. 또한, 다양한 작가들의 생각과 느낌, 그들의 철학까지도 우리는 공감할 수 있다. 폭넓은 공감 능력을 키울 수 있는 것이 바로 '책'이다. 공감 능력을 키우기 위한 책 읽기는 아이와 많은 대화도 할 수 있고, 아이의 성격과 인성도 엿볼 수 있다.

최근 《꼬마 소나무 대장 되던 날》을 수업 중에 읽었다. 아직은 작고 여린 꼬마 소나무는 자기보다 키 큰 어른 소나무들이 못마땅했다. 햇빛도 가리고 하늘도 볼 수 없다고 불평을 한다. 어른 소나무들 때문에 자신이 자라지 못하고 있다고 생각하며 투덜대기도 한다. 눈보라가 몰아치는 추운 겨울을 혼자 이겨내며, 뜨거운 여름 목이 마를 때 옆의 어른 나무가 뿌리에 저장해둔 물을 꼬마 소나무에게 나눠줄 때, 그때서야 이 꼬마 소나무는 어른 소나무들에게 고마운 마음을 느낀다. 꼬마 소나무는 이제 어른이 된 것이다.

이 책을 통해 아이들은 혼자서는 살 수 없어 주변의 많은 도움을 받지만, 그 사실을 모르고 있는 꼬마 소나무를 통해 자신을 들여다볼 수 있게 된다. 아이들의 철없는 행동과 투정에도 기꺼이 희생하고 헌신해주는 부모님을 비롯한 많은 분들에게 고마운 마음도 갖는다. 이것이 바로 공감인 것이다. 책을 통해 공감을 배울 수 있는 기회는 너무나 많다. 모든 책을 나의 입장으로 나의 감정으로 느끼고 받아들인다면 공감 능력은 날로 커지게 되어 있다.

우리가 사용하고 있는 많은 제품들과 기술들은 모두 다른 사람을 공감하는 데서 시작됐다. 내가 지금 책을 쓰고 있는 것도, 아이들을 가르치고 있는 것도 모두 공감에서 비롯되었다. 다른 사람의 필요를 채워주고 싶은 마음, 다른 사람들의 불편을 해소해주고 싶은 마음, 다른 사람의 아픔과 슬픔을 어루만져주고 싶은 마음, 모두가 공감 능력이다.

자신의 아이에게 공감 능력을 키워줌으로써 큰 수혜를 입는 사람은 바로 부모 자신이다. 아이가 우리 부모들의 상황과 처지, 그리고 우리의 헌신과 사랑을 공감해준다면 얼마나 편하고 행복한 마음으로 양육할 수 있겠는가?

4차산업혁명 시대 핵심인 최첨단 인공지능이 우리 생활 곳곳에 자리하고, 생각지 못했던 신기술이 등장하는 디지털 사회에서 '공감'을 주장하다니, 시대에 뒤떨어진다고 느끼는가?

그렇지 않다. 산업, 기술, 기계, 인공지능 로봇은 공감 능력이 없다. 그들에게는 조직화된 기억과 학습, 자료와 정보가 있을 뿐이다. 우리는 이제 인공지능 AI 시대를 살고 있다. 지금까지 우리가 했던 모든 일들을 이제는 AI에게 넘겨줄 것이다. 그렇다면 인간인 우리는 인공지능 로봇에게 없는 능력들을 갖춰야 할 필요가 있다. 아니 이것은 불가피한 일이다. 그중에서도 인공지능 로봇에게 절대 있을 수 없는 공감 능력을 우리가 갖춰야 한다. 사람과 사람 사이에서만 있을 수 있는 공감 능력! 다양한 책 속의 인물과 상황, 그리고 다양한 작가들의 생각과 감정을 공유함으로써 인간 고유의 따뜻한 감정, 공감 능력을 키우자!

창작동화와 판타지를 읽으며
창조적 상상력을 키워라

상상력을 넘어 이제는 창조적 상상력을 키우라고 말한다. 창조적 상상력이란, 기존에 없던 것을 새롭게 창출해내거나, 기존에 있었던 것을 연결하고, 융합해서 새로운 것을 창출해내는 능력을 말한다. 평범한 우리, 혹은 우리 아이가 인공지능에게 자리를 내주지 않으려면 꼭 갖춰야 할 능력이다. 창조적 상상력은 앞에서 말한 공감 능력을 통해 발휘된다.

이지성의 저서 《에이트》에 좋은 예가 있어 소개한다. 전화기를 최초로 발명한 알렉산더 그레이엄 벨의 어머니는 청각장애인이었다. 벨은 어머니 때문에 마음 아파했다. 그러다 전 세계 청각장애인들의 불편함과 아픔을 공감하게 되었고, 그들을 위해 새로운 보청기를 만들게 되었다. 그 후에 전화기까지 발명하는 위대한 업적을 남겼다.

스물여섯 살의 퍼트리샤 무어는 요리를 사랑하던 할머니가 관절염 때문에 냉장고 문을 여닫는 게 힘들어서 요리를 포기하는 것을 보고 안타까웠다. 할머니에게 요리하는 기쁨을 되찾아주고자 노인 분장을 하고서 무려 3년 넘게 116개에 달하는 도시를 다녔다. 이 경험을 바탕으로 어린아이부터 노인까지 누구나 편리하게 쓸 수 있는 제품들을 새롭게 디자인했다. 그녀는 감자 깎는 칼, 소리 나는 주전자, 양손잡이용 칼과 가위, 고무 손잡이가 달린 조리용품, 바퀴 달린 가방, 계단 없는 저층 버스 등을 디자인했다.

벨은 어머니의 청각장애라는 아픔을 통해 장애인들을 공감하게 되었고, 그로 인해 세상에 없던 보청기와 전화기를 발명했다. 퍼트리샤 무어는 기존에 있던 것들을 할머니처럼 불편을 겪는 사람들이 사용할 수 있도록 새롭게 디자인하는 창조적 상상력을 발휘한 것이다. 이 두 사람 모두 공감 능력을 바탕으로 창조적 상상력이 발휘되었다.

한번 생각해보라. 어떤 인공지능이나 로봇이 청각장애의 불편함을 공감하며, 할머니의 좌절을 공감하겠는가? 또한 인공지능은 새로운 것을 창조해내는 능력을 부여받지 못했다. 창조적 상상력은 '지혜'라고 말할 수 있는데, 하나님이 인간에게만 부여한 특별한 능력이다. 그렇다면 창조적 상상력을 위해서는 무엇을 해야 할까?

외국영화 번역가 이미도씨는 강연에서 '독보적(남이 감히 따를 수 없을 정도로 뛰어난)'이 되어야 한다고 제안했다. 그가 말하는 '독보적'이란 '많이 읽고, 많이 보고, 많이 쌓는다'는 뜻을 의미하는데, 그중에 가장 중요한 것이 바로 독서라고 강조했다. 책을 많이 읽어야 더 멋진 상상을 할 수 있기 때문이다.

상상력과 창의성, 예술성은 어느 정도 선천적으로 타고난다는 것을 간과할 수 없고, 부모의 유전적 영향을 받기도 한다. 그렇지만, 인류는 환경과 변화에 뛰어난 적응력을 가지고 있기에 선천적으로 전혀 없다고 해도 후천적으로 개발하고 발전시킬 수 있다는 것이 내 신념이다. 이미도씨가 강연에서 말한 대로 '많이 읽고, 많이 보고, 많이 쌓는다'면 없는 능력들이 발현되고 개발되는 것을 교육현장에서 많은 사례를 통해 알게 되었다.

　어느 수업시간에 저학년 아이들과 막달레나 가라오 쥘리앙의 《미술관에서 생긴 일》을 읽었다. 이 책에서는 미술관에 전시된 그림 중, 한 그림에서 물 위의 보트를 보고 있던 소녀가 그림 밖으로 허리를 숙이고 손을 내밀며 미술관에 온 강아지, 고양이, 소년 등을 차례로 그림 속으로 데리고 들어간다. 미술관 문이 닫히자, 미술관 직원 아저씨도 그 그림 속으로 들어가 선장 옷으로 갈아입고 그림 속의 보트를 타고 신나는 여행을 한다는 내용이다. 저학년일수록 때 묻지 않은 상상력이 풍부해서 모두 신기해하며, 재미있게 읽었다. 심지어 자신도 그곳에 들어가고 싶다는 유아적 상상력을 표현하기도 했다. 그런데 유독 한 아이만 눈을 크게 뜨고 나에게 이렇게 질문한다.

　"이거 진짜 있었던 일 아니죠? 말도 안 돼!"

　순간 나는 그렇게 질문한 아이를 바라보며, 뭐라고 답을 해줄 수가 없었다.

　"아닌데, 이거 진짜 있었던 일인데?"라고 말하면 거짓말이 되고,

"응 맞아! 이건 지어낸 이야기야. 거짓말이지"라고 말하면 다른 아이들이 실망할 것이 뻔하고…. 그렇게 질문하는 아이가 안타까웠다. 아직은 상상의 날개를 마음껏 펼쳐도 될 아이가 벌써부터 '진짜와 가짜', '허와 실'을 가려내는 것이 마음 아팠다.

그 후로, 기타무라 사토시의 《밀리의 판타스틱 모자》라든가 크리스티안 로빈슨의 《레오, 나의 유령 친구》, 송아주의 《큰 사람 장길손》 등 마음껏 상상하고 창조해낼 수 있도록 창작동화 위주로 읽혔다. 차츰 시간이 지나자 아이는 사실이 아닌 건 알지만, 자기 나름대로 새롭게 만들고, 새롭게 써보고, 새롭게 그리게 되었다. 자신이 만든 이야기를 글과 그림으로 마음껏 표현할 수 있다는 깨달음을 이 아이는 얻을 수 있었다.

초등학교 입학 전 시기와 초등학교 저학년 시기에는 다양한 장르의 책을 읽혀주기를 권한다. 특히 이 시기에는 아이가 마음껏 상상하는 데 도움이 될 만한 도서들을 많이 읽혔으면 하는 것이 나의 바람이다. 3학년 이상만 되면 책 읽을 시간이 현저히 부족해지고, 틀에 박힌 교육 환경으로 인해 아이의 무한대였던 상상력은 점점 없어지기 때문이다.

나는 어렸을 때, 창작동화를 많이 읽어보지 못했다. 창작동화뿐 아니라 책을 읽기가 쉽지 않은 환경이었다. 그때 당시에도 집이 부유한 친구들은 자기 방 책꽂이에 책이 가지런히 꽂혀 있었고, 책도 많이 읽었던 것 같다. 책을 많이 읽은 친구들은 확실히 똑똑했다. 그림을 그려도 나와는 달랐다. 말을 하거나 게임을 할 때도 나와 달랐다. 내가 나와 다르다고 느낀 것은 지금 생각해보면 그 애들은 창조적이고 상상력이 풍부했던 것 같다. 책을 많이 읽지 못했던 나는 좀 어수룩하고 바보 같았다고 해야 할까? 하지만 지금은 전혀 그렇지 않다. 나는 나보다 똑똑하고 잘사는 사람들은 무엇을 하는지 연구한 결과 책을 읽는다는 것을 알았고, 성인이 된 후에 폭풍 독서를 했기에 지금은 그 친구들보다 더 지혜롭고, 더 잘 살고 있다고 감히 말한다.

간혹 기발한 아이디어를 내는 아이들을 만날 때가 있다. 그 아이들을 보면 판타지소설, 무협지, 탐정소설 등을 좋아한다는 것을 알 수 있다. 당연히 지나친 허구성과 폭력성이 있는 작품은 제외된다. 나는 창조적 상상력을 키워주기 위해 초등학교 4학년 이상의 아이들에게 읽히는 시리즈가 있다. 《나니아 연대기》, 《해리포터》, 《오즈의 마법사》, 《셜록홈즈 탐정소설》 등이다. 이외에도 다양한 많은 책을 읽히고, 읽으라고 권해준다.

AI 시대를 살아가야 하는 우리 아이에게 창작동화와 판타지, 추리, 탐정소설을 읽혀야 한다고 주장하는 이유는 아이에게 폭넓은 사고를 할 수 있도록 뇌를 확장하는 일련의 훈련이기 때문이라고 말하고 싶다. 선진국들은 이미 오래전부터 AI 시대를 준비해왔다. 어쩌면 우리는 발등에 불이 떨어진 격으로 이제야 준비하고 있는지 모르겠다. 이 책을 읽고 있는 부모나 교사들은 그나마 우리 아이를 위해 무엇인가를 준비해줘야 한다는 생각으로 이 책을 들고 있겠지만, 지금도 여전히 아무 준비 없이 지금까지 살던 방식대로 머물러 있는 부모들이 많을 것이다.

절대 지금도 발 빠른 준비라고 할 수 없다. 하지만 늦은 건 없다. 지금부터라도 하면 된다. 아이가 저학년이라면 상상의 날개를 달아 줄 창작동화를 많이 읽히자. 아이가 고학년이라면 소설의 대가들이 쓴 작품으로, 전 세계적으로 인정받은 다양한 소설들을 읽히자. 책을 읽을 때마다 우리 아이의 상상력이 풍부해지고, 뇌가 확장될 것이다. 그렇게 되면 남과 다른 생각을 하게 되어 있다.

기대하자. 우리 아이가 세상에 없던 새로운 아이템을 개발할 것이다. 기존에 있었던 것들을 융합해서 많은 사람들이 편리하게 사용할 수 있는 것들로 새롭게 거듭나게 할 인재들이 될 것이다. 아이가 책을 읽는 그 시간은 전 인류에게 필요한 것을 창조해내는 시간임을 기억하지.

'왜?'와 '어떻게?'라는 질문으로
창의력을 키워라

"나는 이상하지 않다. 다만 평범하지 않을 뿐이다."

초현실주의 화가 살바도르 달리는 자신을 괴짜라고 여기는 사람들에게 이렇게 말했다. 창의력의 가장 큰 원천은 평범이라는 틀 밖에 있다. 창의력의 원천이 되는 또 다른 한 가지는 바로 잠재력이다. 모든아이는 각기 다른 잠재력을 가지고 태어난다. 그러나 대부분의 아이들은 자라면서 부모나 교사, 교육의 틀과 사회의 틀에 의해 잠재력이 묻혀버리고 만다. 이 글을 쓰고 있는 나도, 이 책을 손에 들고 있는부모도 마찬가지다.

인간은 무한한 창의력을 갖고 태어나지만 인간들이 만들어놓은 평범한 교육의 틀과 사회규범의 틀 안에 맞춰 길러지다 보니 창의력이있는지조차 모르고 살아간다. 그나마 우리 세대는 그만그만한 인류가 함께했기 때문에 창의력을 개발하지 않아도 지금까지 잘 버티고 살았지만, 이제 시대가 바뀌었다. 인간을 훨씬 뛰어넘는 인공지능과 함께 살아가야 하는 시대가 되었다. 인공지능을 지배, 아니 지배하지는 못할지언정 어깨를 나란히 하고 살아가려면 인간 고유의 능력, 즉 잠재되어 있는 능력들을 모두 들춰내고 꺼내서 발전시켜야 한다.

창의력을 개발하고, 발전시키지 않는 것은 귀중한 보물이 담긴 선물을 받았지만, 그 선물을 열어보지 않는 것이나 다름없다. 선물 포장지를 열면 보물이 있고, 그 보물은 내 것인데 마치 보물이 없는 사람처럼 사는 것과 같다. 나와 내 아이 모두에게 창의력이라는 엄청난 보물이 있다는 것을 믿고, 그 보물을 꺼내어 내 것으로 만드는 방법을 소개한다.

첫 번째 할 일은 평범함에서부터 벗어나는 것이다. 나 역시 학원을 운영하고 있지만, 공교육에 대한 불만과 아쉬움이 많다. 아이들은 저마다 가지고 있는 색깔이 있다. 한 명도 같은 색이 없다. 자녀를 여럿 둔 부모들은 느낄 것이다. 세 명이면 세 명, 네 명이면 네 명, 아이들의 생김새가 다르듯 모두 다르지 않은가? 그런데 공교육은 똑같은 잣대에 아이들을 맞춰 재단하는 격이다. 마치 얼음 틀에서 나오는 사각 얼음처럼 말이다. 적어도 아이의 창의력을 키워주기 위해서는 공교육 틀에서 벗어나 새로운 것들을 시도해야 한다. 창의력을 키워주는 데에는 부모, 특히 엄마의 역할이 80% 이상 필요하다. 요즘같이 코로나19로 인해 잠시 공교육을 벗어난 이때 아이와 함께 새로운 장소, 새로운 음식, 새로운 놀이, 새로운 대화 주제, 새로운 운동, 새로운 장르

AI 시대 초등 공부, 책 읽기가 전부다

의 책 읽기를 시도해보자! 평범함의 틀을 깨는 새로운 것들의 시도는 아이에게 용기와 자신감을 준다. 부모와 새로운 시도를 경험한 아이는 나중에 스스로 시도하게 되고, 그 새로운 시도가 창의력을 발전시켜줄 것이다.

창의력 개발을 위한 두 번째 방법은 아이의 호기심을 키워주는 것이다. 호기심은 창의력의 원료다. 호기심은 새롭고 신기한 것에 끌리는 마음, 모르는 것을 알고 싶어 하는 마음이다. 그러니 크게 위험하지 않은 일이라면 불가능해 보이는 일들을 시도해보도록 하는 것도 좋다. 그리고 자신이 잘하는 것, 하면서 신나는 것, 더 하고 싶은 것, 큰 노력하지 않아도 잘하는 것들을 지속해서 할 수 있도록 도와주자. 호기심으로 시작해서 흥미가 되고, 흥미를 키워주면 재능이 된다. 그리고 관심 분야에 대한 독서, 유튜브 촬영과 편집, 디지털 관련, 코딩, 3D, 인공지능, 악기, 미술 등 아이가 하루에 최소 두 시간은 전문성을 키우는 데 몰입할 수 있도록 도와주자.

창의력 개발을 위한 세 번째 방법은 개방성을 길러주는 것이다. 아이가 더 넓은 세상과 더 많은 사람을 만날 수 있도록 하는 것이다. 어른들과 달리 아직 고정관념이 형성되기 전인 아이에게 개방성은 매우 중요하다. 고정관념은 창의력을 방해한다. 한 번 생긴 고정관념은 쉽게 없어지지 않는다. 개방적인 아이는 다른 사람의 생각이나 문화, 가치관 등이 자신의 것과 다르더라도 존중하게 된다. 낯선 곳에 가기를 두려워하지 않고, 나와 다른 생각과 관점도 잘 받아들이고, 다른 사람의 장점도 잘 흡수한다. 긍정적이며 폭넓은 아이가 된다. 도전과 모험을 기꺼이 즐기기에 창의적인 인재가 된다. 부모의 구시대적 사고와 틀에다 아이를 가두지 말고, 마음껏 세상 모든 것을 탐험하고 경험하게 해줘야 한다.

창의력 개발을 위한 네 번째 방법은 공상하는 시간을 주는 것이다. 아이에게는 휴식이 필요하다. 창의적 과정에서 휴식은 바로 '공상'이다. 현실적인 세계에서 벗어나 마음껏 상상하며 머리를 쉬게 하는 것이다. 머릿속에 있는 지식이나 기술, 경험은 한계가 있지만 공상은 범위가 정해져 있지 않다. 부모는 아이에게 방해되는 요소를 제거해주면서 아이가 정신적, 시간적 여유를 가질 수 있도록 해줘야 한다. 쉽게 표현하자면 아이에게 '멍 때리는 시간'을 주자는 것이다. 위대한 발명품도 공상에서 탄생되었다고 한다. 공상의 시간은 남들과 다른 아이디어, 독특하고 기발한 아이디어가 떠오를 수 있는 위대한 힘을 갖고 있다.

창의력 개발을 위한 다섯 번째 방법은 창의력 개발의 꽃이라 할 수 있는 질문과 독서다. 아이가 과학 분야 관련 도서를 읽고, 실제로 야외에 나가서 동물, 새, 나비, 식물, 곤충 등을 보게 되었다면 이렇게 질문해보자.

"뭘 보고 있니?"

"네 생각에는 뭘 하고 있는 것 같아?"

"무슨 일이 일어나고 있는 걸까?"

"그것들과 사람 사이에 공통점과 차이점은 뭘까?"

책을 읽을 때는 아이가 스스로, 자신에게 질문하며 읽도록 하자.

"어떻게 해서 그렇지?"

"어떻게 해서 그렇지 않지?"

"그러면 어떻게 되지?"

부모나 교사가 끊임없이 질문을 던져준다면 아이는 더욱 창의적일 것이다.

"왜 그런 생각을 못 해?"나 "넌 왜 그러니?" 같은 질문은 추궁하거나 탓하는 질문으로 아이의 창의력을 멸종시키는 일이다.

"이것 말고 어떤 방법이 있을까?"

"이걸 보고 뭘 느꼈니?"

"어떻게 해서 이런 일이 일어났을까?"

"만일 ~라면 어떻게 될까?"

이렇게 생각을 요구하는 질문을 하자. 마땅한 질문이 생각나지 않을 경우, 육하원칙에 맞게 질문해도 된다.

"누가 그랬지?"

"언제 그랬을까?"

"어디서 일어난 일이지?"

"뭘 하는 걸까?"

"왜 그런 일이 생겼을까?"

"어떻게 그걸 해결했을까?"

독서는 아이의 창의력을 키우는 데 가장 중요한 활동이다. 독서는 부모가 아이와 함께 할 수 있는 여가활동 중에 가장 재미있는 것이다.

책을 읽으면, 특히 소설을 읽으면 내용이 머릿속에 그려지고 상상하기 때문에 창의력 개발에 많은 도움이 된다. 또 책은 영상이나 화려한 그림으로 시선을 빼앗기지 않기 때문에 아이가 이야기 자체에 집중하게 된다. 하루 30분 이상 아이에게 책 읽는 습관을 길러주자. 그리고 질문으로 우리 아이가 다양한 생각과 사고를 할 수 있도록 하자. 이것이 곧 창의력을 키우는 데 중요한 요소다.

AI 시대 초등 공부, 책 읽기가 전부다

'정말 그럴까?'라는 의심으로
비판적 사고력을 키워라

책을 읽다 밑줄을 그을 때가 있다. 주로 작가의 생각이나 내 생각이 일치할 때, 또는 중요하다고 생각되어 기억하고 싶을 때 우리는 밑줄을 친다. 이는 비판적 사고와는 반대되는 수용적 사고라 할 수 있겠다. 그렇다면 비판적 사고를 키우기 위해서는 어디에 밑줄을 그어야 할까? 작가의 생각과 내 생각이 다른 부분, 혹은 반대되는 생각이 떠오를 때, 읽는 중 불편하거나 막히는 부분에 밑줄을 그어본다. 이런 부분은 한 번 더 생각하게 해준다. 이러한 과정에서 비판적 사고력이 길러진다.

비판적 사고력을 키우기 위해서는 사실 독서 전이나 독서 중보다 독서 후가 더 중요하다. 책을 읽은 부분에 대해 생각을 정리하는 과정이나 읽은 내용을 다른 사람들과 나누고 다른 사람의 의견을 듣는 독서 토론을 통해 비판적 사고력은 자연스럽게 길러진다. 비판적 사고는 현상이나 사물의 옳고 그름을 판단하거나 잘못된 점을 밝히기 위해 생각하고 궁리하는 것을 말한다. 아이들을 지도하기 쉽게 이분법적으로 분리해보았다.

사실 vs 의견
주장 vs 근거
옳음 vs 그름
참 vs 거짓

아이가 책을 읽고 나면 책 내용의 한 부분을 가지고 부모나 교사가 아이의 의견을 물어본다. 앤드루 클레먼츠의 《프린들 주세요》를 읽었다고 가정해보자.

"주인공 닉이 '펜'이란 말 대신 '프린들'이라는 새로운 단어를 만든 것에 대해 넌 어떻게 생각하니?"

질문을 받으면 아이는 자신의 의견을 말한다. 처음에는 '좋아요' '신기해요' 등의 짧은 의견을 말하지만, 사실에 대한 의견 묻기를 반복하다보면 여러 가지 의견과 자기의 생각을 표현하는 아이로 발전하는 것을 볼 수 있다.

"그레인저 선생님은 닉이 '프린들'이라는 단어를 쓰지 못하도록 했는데, 선생님의 주장이 합당하다고 생각해?"

"넌 그레인저 선생님에 대해 어떤 생각을 갖고 있어?"

"결국 닉은 '프린들'이라는 자신이 만든 새로운 단어를 모든 사람이 사용하도록 하는 일종의 승리를 거뒀잖아. 닉의 행동에 대한 너의 생각을 듣고 싶어."

나는 책을 읽고 난 후에 아이들과 나누는 모든 질문과 대답은 비판적 사고를 증폭시키는 매우 중요한 과정이라고 여긴다. 아이들이 책한 권을 읽고 느끼는 '아, 재미있네' 또는 '이 책은 너무 지루했어'와 같은 단순한 의견은 아이에게 전혀 도움이 되지 않는다. 책 내용에 대해 자신의 의견이나 주장을 할 수 있어야 하고, 자신이 말한 의견이나 주장에 대한 합당한 근거를 제시할 수 있어야 한다. 또한, 이야기 속의 상황이나 문제를 해결하는 과정의 옳고 그름을 논리적으로 분석해보는 훈련도 필요하다. 저자의 숨은 의도를 파악하는 능력을 기르는 것 또한 아이의 비판적 사고력을 키우는 데 매우 중요하다.

《틀 밖에서 놀게 하라》의 저자 김경희씨는 가부장적인 가정에서 자란 부모나 교사들은 '비판적 사고력'을 기르는 교육을 받지 못했을 것이라고 말한다. 그렇기 때문에 아이의 비판적 사고력을 어떻게 키워줘야 할지 잘 모르거나 가르치는 것에 어려움을 느낀다고 한다. 아이의 비판적 사고력을 키워주기 위해서는 가장 먼저 아이가 어른에게 절대적으로 순종해야 한다는 교육관을 버려야 한다. 물론 아이가 스스로 의사결정을 할 정도의 성숙함이 있고, 기본적인 예절을 갖춘 것을 기본으로 하고 말이다. 그녀는 부모나 교사들은 어른이라는 지위에서 내려와 아이와 열성적인 논쟁을 시도해야 한다고 주장한다. 양육 목적이 '말 잘 듣는 아이'나 '착한 아이'를 키우는 것이 아니라 독립적인 사고와 행동 양식을 가진 멋진 어른으로 자라게 하는 것이라는 점을 잊지 말라고 덧붙인다.

예를 들어, 아버지는 전통적으로 가정에서 권위의 상징이 되어왔다. 이러한 권위의 상징인 아버지가 권위주의를 내세워 아이를 억누르면 아이의 비판적 사고력과 상상력은 그야말로 말살된다. 세계를 변화시킨 혁신가들은 대개 두 부류로 나뉜다. 아버지가 없었거나, 아버지와 친구가 되었거나. 이는 비단 아버지들에게만 하는 이야기가 아니다. 권위적이고 아이의 이야기에 귀를 기울이지 못하는 어른이라면 차라리 아이에게 없는 것이 낫다는 것이다.

우리는 어떤 어른인가? 아이의 이야기에 귀를 기울여주며, 아이가 더 많은 이야기를 할 수 있도록 자리를 마련해주고 있는가? 아이가 자기의 생각을 잘 표현할 수 있도록 다양한 질문을 던져주고, 그에 대한 답을 끝까지 경청해줄 때 아이의 비판적 사고력은 커지게 된다.

비판적 사고가 필요한 이유는 또 있다. 우리 아이가 살아가야 할 시대는 지금보다 더 많은 정보와 매체들을 손가락 하나 움직여서 접할 수 있게 된 시대다. 비판적 사고가 확장된 아이는 하루 24시간 쉴 새 없이 흘러들어오는 정보들을 이해할 수 있고, 영양가 있는 정보를 선별할 수 있다. 비판적 사고가 없는 아이는 수많은 정보를 자신의 의지와 생각 없이 무조건적으로 받아들이게 된다. 이렇게 되면 잘못된 정보에 끌려다니게 될 수 있다. 그러면 자기 주체성이 결여된 아이가

AI 시대 초등 공부, 책 읽기가 전부다

되는 것이고, 새로운 기계와 기술들에 종속되거나 자리를 내어줄 수밖에 없는 처지가 된다.

"그냥 하라는 대로 해. 무슨 말이 그렇게 많니?"

"말 좀 그만해."

"넌 뭐가 그렇게 궁금하니? 그만 좀 물어봐."

"그런 쓸데없는 생각 좀 그만해라."

"그런 말도 안 되는 소리는 그만할 수 없겠니?"

이런 비슷한 말을 아이에게 매번 하고 있지 않은가? 이 말들은 아이의 비판적 사고력의 싹을 잘라버리는 말이라는 것을 명심하자.

독서 수업과 관련해서 전화 상담을 하거나 직접 찾아오는 엄마들과 상담을 해보면, 많은 엄마들이 '비판적 사고력'이라는 개념을 정확히 이해하지 못하고 있다는 것을 느낀다. 그러니 자녀들에게 비판적 사고력을 키워줄 수 있는 질문이나 대화법을 모르는 것이 당연하다. 그나마 비판적 사고력을 아이에게 키워주기 위해 노력한 엄마들도 아이를 논술학원에 보내놓고 엄마들은 그냥 뒤에서 지켜보기만 했던 것 같다. 비판적 사고력은 단순히 논술을 해서 키워진다고 보기는 어렵다. 하루아침에 배워서 잘할 수 있는 것이 아니기에 더욱 그렇다. 가장 쉽게 우리 아이 비판적 사고력 키우는 방법을 소개한다.

가장 좋은 것은 책이다. 그다음은 일상에서의 대화다. 책을 읽은 후에는 반드시 이렇게 질문하자. 일상 대화에서도 적용할 수 있다.

"정말 그럴까?"

"네 생각도 그래? 아니면 너는 다른 생각을 갖고 있니?"

"그렇게 생각하게 된 이유는 뭐야?"

"네 생각을 다른 사람들은 어떻게 받아들일까?"

"꼭 그렇게 해야만 했을까? 다른 방법이 있다면 어떤 방법일까?"

처음에는 어색하고, 아이가 쉽게 말을 하지 않으면 답답할 수 있다. 그렇지만 기다려주자. 아이는 질문을 받으면 반드시 대답할 거리를 찾기 마련이다. 당장 엄마 앞에서 대답을 못 했다면 책을 한 번 더 읽어보라고 권해보자. 두 번째 읽을 때 엄마의 질문이 떠오를 것이고 아이는 책 속에서 자신의 생각과 같은 부분과 그렇지 않은 부분을 찾아낼 것이다. 이때 생각한 것을 다시 말하게 하자. 이를 반복하다보면 아이의 생각이 정리되고, 논리직으로 자신의 생삭을 말할 수 있게된다. 이 과정에서 아이의 비판적 사고력이 키워진다.

무조건 복종하는 아이로 키우는 것은 이제 구시대적 양육법이다. 영양가 있는 음식을 골고루 먹이고, 부족한 영양소는 영양제로 채워주듯, 자칫하면 개발되지 못하고 묻혀버릴, 그렇지만 AI 시대에 꼭 필요한 비판적 사고력을 키워주는 것이 이 시대 최고의 양육법이다.

주인공의 상황을 내 상황으로!
변화 적응력을 키워라

우리는 2020년을 코로나19라는 바이러스와 함께 시작했다. 내가 글을 쓰고 있는 지금도 코로나19는 우리 곁을 떠나지 않고, 우리와 공존하고 있다. 2020년 3월 12일 세계보건기구(WHO)에서는 팬데믹(Pandemic)을 선언했다. 이는 전 세계적으로 감염병 최고 등급인 6단계에 해당한다는 것이다. 한두 나라도 아니고, 지구상의 모든 나라가 감염병으로부터 몇 달간 헤어 나오지 못하고 있다. 처음 코로나19가 시작되었을 때, 우리는 곧 지나갈 일이라고 생각했다. 사스나 메르스처럼 길면 3개월 정도로 보았다. 그렇지만 전문가들과 언론에서는 코로나19가 쉽게 끝나지 않을 것이라고 발표했다. 그리고 우리는 본능적으로 코로나19로 인해 엄청나게 달라진 세상이 올 것이라는 것을 느끼고 있다.

세계는 이제 코로나19 이전인 BC(Before Corona)와 코로나19 이후인

AC(After Corona)로 구분된다. 우리 모두는 아무런 준비 없이 AC로 건너와버렸고, 변화된 여기에서 우리는 살아남아야 한다. 글을 쓰고 있는데 왈칵 눈물이 난다. 코로나19로 인해 한동안 바깥활동을 하지 못했던 아이들이 오늘은 휴일이어서 그런지, 그동안 못 놀았던 것이 억울해서인지 소리를 지르고 깔깔 웃으며 모처럼 마음껏 놀고 있다. 이렇게 활기찬 아이들의 목소리를 얼마 만에 듣는지 모르겠다. 그런데 해맑고 아무 걱정 없이 뛰어놀고 있는 아이들에게 미래를 살아가야 할 큰 과제들이 주어졌다는 것에 마음이 아파 눈물이 난다. 또 아이들을 잘 키우고자 하는 엄마들은 이 변화의 혼돈 속에서 얼마나 갈피를 잡지 못하고 갈팡질팡할까 생각하니, 가슴이 답답하다. 부디 내 글이 엄마들과 교사, 그리고 우리 아이들에게 큰 도움이 되기를 바라는 마음이다.

새로운 시대가 왔다. 그것이 혼돈의 시대든 4차산업혁명 시대든 인공지능 AI 시대든 말이다. 새로운 시대를 어떻게, 어떤 방식으로, 무엇을 하며 살 것인가를 공부해야 한다. 대한민국에서 모르는 사람이 없을 정도로 많은 사람에게 영향을 미치는 국민강사 김미경씨가 최근에 출간한 책 《김미경의 리부트》에서 쉰일곱의 자신도 직원들의 생계를 책임지는 사장으로서 미래에 울지 않기 위해 지금 당장 할 수 있는 것은 공부밖에 없다는 생각으로 밑줄을 그어가며 책과 신문을 읽고 끊임없이 공부했음을 이야기한다.

50대 후반으로 접어든 김미경씨도 새로운 시대 앞에서 공부한다고 한다. 이 책을 손에 들고 있는 엄마와 교사들도 아이들과 함께 세상을 읽는 공부, 세상의 변화를 알고 대처할 수 있는 공부, 수많은 변화를 맞이하고 적응하기 위해서는 공부해야 한다는 것을 기억했으면 좋겠다.

시국이 시국인 만큼 '변화' 이야기가 나오니 서론이 길어졌다. 아직 초등학생의 자녀를 둔 엄마들은 이 시기가 가장 좋은 시기라고 생각했으면 좋겠다. 아직은 무엇이든 새롭게 시도해볼 수 있는 나이기 때문이다.

이제부터는 우리 아이를 어떤 상황과 어떤 변화에도 잘 적응하는 아이로 키우기 위해서 우리가 해줘야 할 일이 무엇인지 살펴보자. 첫 번째는 다양한 체험과 여행, 그리고 다양한 상황과 사람을 접하는 것이다. 그러나 쉽지 않기 때문에 그 대안으로 책을 통해서 변화 적응력을 키우는 것이 가장 적합하다. 다양한 책 속에는 다양한 인물들이 다양한 상황과 사건을 접하기 때문에 우리 아이가 책 속의 주인공이나 등장인물이 되어 간접 경험을 한다면, 변화 적응력을 키우는 데 큰 도움이 될 것이다.

추천하는 것은 아이와 함께 《알렉스 스콧, 레모네이드의 기적》을 읽어보는 것이다. 이 책은 초등학생뿐 아니라 중고생, 어른들에게도 감동을 주는 책이다. 책 속의 주인공 알렉스 스콧은 한 살이 되기도 전에 소아암 진단을 받고 투병을 시작한다. 수술과 항암 치료를 반복했지만, 암은 나아지지 않았다. 암과 사투를 벌이던 알렉스는 레모네이드를 팔아서 그 수익금을 병원에 기부해 자신처럼 아픈 친구를 돕고 싶다고 생각한다. 2000년 다섯 살 알렉스는 '알렉스 레모네이드 판매대'를 세웠고 알렉스에게 감동한 사람들이 레모네이드 한 잔을 마시기 위해 길게 줄을 선다. 레모네이드 판매에 많은 사람들이 동참했고, 결국 알렉스는 2004년 아홉 살이 된 해 세상을 떠났다. 알렉스의 뜻을 이어 '알렉스 레모네이드 판매재단'이 만들어졌고, 지금도 해마다 레모네이드 행사가 열린다고 한다. 어린 알렉스는 자신의 상황을 받아들일 뿐 아니라 오히려 다른 사람에게 좋은 영향을 끼쳤다. 아이와 함께 알렉스에 대해 이야기를 나눠보자.

해리엇 비처 스토의 《톰 아저씨의 오두막집》의 주인공 톰은 백인 셀비 아저씨의 노예였다. 셀비 아저씨는 인정이 많아 노예들에게 존경을 받았다. 그런데 농장이 망하고 큰 빚을 시게 되자, 셀비 아저씨는 톰을 노예 상인에게 팔았다. 함께 팔려간 다른 노예는 가족을 구한다며 도망갔는데, 톰은 그렇게 하지 않았다. 전 주인 셀비 아저씨가 곤경에 빠질 것이라는 생각 때문이었다. 그렇게 톰은 노예 상인에게 팔려가던 중 물에 빠진 백인 소녀 에버를 구하게 되고, 에버의 아버지 오거스틴은 에버의 부탁으로 노예 상인에게서 톰을 산다. 톰은 다시 인자한 주인을 만난 것이다. 그러나 톰을 아끼던 에버와 오거스틴이 갑자기 죽게 된다. 오거스틴은 톰에게 자유의 몸이 되게 해주겠다고 약속했는데, 그가 죽자 약속은 무효가 되어버렸다. 톰은 또다시 목화농장으로 팔려가서 고된 노동과 무자비한 감시를 받으며 어려움을 겪는다. 하지만 톰은 열악한 환경에서도 동료들에게 성경책을 읽어주며 자유의 소중함을 일깨워줬다. 그는 그곳에서 온갖 고통을 당하다가 결국 죽고 만다.

잔니 로다리의 《아무도 가지 않은 길》을 보면, 어느 작은 마을에 세 갈래 길이 있다. 하나는 바다로 향하고, 다른 하나는 도시로 향하고, 그리고 마지막 길은 이제까지 아무도 가지 않은 길이다. 주인공은 어린 마르티노다. 마르티노는 마을 어른들에게 그 길에 대해 물어보지만, 어른들은 마르티노에게 그 길은 어디로도 갈 수 없다고 말한다. 마르티노는 더욱 궁금하기만 하다. '그렇다면 저 길은 왜 만들었지?' 다시 어른들에게 물어보지만 돌아오는 건 고집쟁이라는 말뿐이다. 마르티노는 쉽게 단념하지 않았고, 혼자서 길을 나설 수 있을 만큼 자랐을 때 '아무도 가지 않은 길'로 드디어 모험을 떠난다. 곳곳에 움푹 파인 웅덩이와 잡초들이 있고, 그 길은 마르티노가 상상했던 것보다 험했다. 그래도 마르티노는 포기하지 않았다. 가도 가도 끝이 보이지 않자 마르티노는 '이제 그만 돌아갈까?'라고 생각했다. 그때 어디선가 강아지 한 마리가 나타나 마르티노를 데려간다. 그리고 어마어마하게 큰 성이 나오고, 아름다운 왕비님이 그 성으로 마르티노를 초대한다. 성안으로 들어간 마르티노는 그야말로 황홀한 기분이었다. 그리고 왕비님은 마르티노에게 마차에 가득 실릴 만큼 많은 선물도 주었다.

'아무도 가지 않은 길'을 용기 내어 모험한 마르티노의 이야기가 우리 아이에게 어떤 도전정신을 줄 수 있을까? 앞서 나온《알렉스 스콧, 레모네이드의 기적》의 알렉스 스콧 이야기나《톰 아저씨의 오두막집》이야기를 읽으며 우리 아이는 과연 주인공의 경험과 상황을 이해할 수 있을까? 물론 아이 혼자 읽는다면, 그저 하나의 이야기를 읽는 것으로 끝나게 되므로 부모나 교사가 분명한 나침반이 되어줘야 한다. 주인공들의 삶, 주인공들의 환경, 주인공들이 겪는 위기 앞에 우리 아이들이 서볼 수 있도록 도와주는 역할이 필요하다.

우리는 지금 큰 변화를 겪었고, 더 큰 변화 앞에 서 있다.《아무도 가지 않은 길》의 주인공 마르티노처럼 말이다. 적어도 책을 읽고 다양한 주인공들을 만나, 간접 경험을 해본 친구들은 낯설고 두렵지만 그 길을 뚜벅뚜벅 걸어갈 것이다. 또 주인공들이 견디고 헤쳐 나갔던 지혜들이 우리 아이들 속에 내재되어 두렵지만 조심스럽게, 또 당당하게 견딜 수 있을 것이다. 많은 책을 읽는다는 것은 그만큼 많은 경험을 쌓는다는 것이다. 새롭게 다가오는 시대의 변화에 책 속 주인공들처럼 잘 적응하는 '변화 적응력'이 뛰어난 아이들로 자라길 소망한다.

06

성공한 사람들의 실패 경험을 통해
회복 탄력성을 키워라

"인내를 온전히 이루라. 이는 너희로 온전하고 구비하여 조금도 부족함이 없게 하려 함이라."

나는 크고 작은 실패와 좌절을 참 많이 경험했다. 그럼에도 불구하고 지금 내 삶이 평탄하고, 아이들을 지도하고, 책을 쓸 수 있는 것은 성경 야고보서 1장 4절에 나와 있는 이 말씀 때문이었다. 힘들고 답답하고, 심지어 삶을 그만두고 싶을 때마다 생각난 이 말씀대로 모든 것을 견디며, 이기며, 뚫고 나왔더니 하나님께서는 온전하고 구비해 조금도 부족함 없는 지금의 내가 되도록 해주었다.

인생은 만만치 않다. 그저 쉽게 넘길 일은 아무것도 없다. 어렸을 때나 젊었을 때 평탄했다면 중년이나 노년에 힘들고, 반대로 젊었을 때 고생을 많이 한 사람들은 다 그런 건 아니지만, 중년이나 노년이 평탄하고 술술 풀리는 경우들을 주변에서 많이 보았다. 그렇다면 어떤 사람이 평탄하고 성공한 삶을 살고, 또 어떤 사람은 실패 후 다시 일어서지 못하는 걸까? 관건은 '회복 탄력성'에 있다. 성실과 생활력만으로는 성공의 길을 가기가 힘든 것 같다. 회복 탄력성이 더해진 사람이 성공하는 길을 간다.

회복 탄력성은 크고 작은 역경과 시련과 실패에 대한 인식을 도약의 발판으로 삼아 더 높이 뛰어오르는 마음의 근력을 말한다. 역경으로 인해 밑바닥까지 떨어졌다가도 강한 회복 탄력성으로 튀어 오르는 사람들은 대부분 원래 있었던 위치보다 더 높은 곳까지 올라갈 수 있다. 마치 개구리가 잔뜩 웅크리고 있다가, 폴짝 멀리 뛰는 것처럼 말이다.

스티브 잡스는 성공보다 실패를 더 많이 했던 사람이다. 그러나 그는 회복 탄력성으로 실패를 성공으로 역전시켰다. 스티브잡스는 위기에 봉착할 때마다 반드시 극복해야 할 인생의 과제로 삼아 모든 역량을 집중해 위기를 뚫고 나왔다. 사람마다 위기를 대하는 자세가 다르다. 어떻게 대응하느냐에 따라 미래가 좌우된다. 어떤 사람은 위기가 앞을 가로막으면 혼란에 빠지고, 설령 그 어려움을 이겨낼 역량이 있더라도 극복하고 뚫는 것이 아니라 달아날 구실을 찾기에 바쁘다.

스티브 잡스는 어릴 적부터 괴짜에 사고뭉치, 고집쟁이였다. 그런 그가 세계적인 기업가가 될 수 있었던 것은 자신의 생각을 행동으로 옮기는 실천을 했기 때문이다. 스티브 잡스는 대학을 자퇴한 뒤, '즐기면서 돈 버는 곳'이라는 구인 광고를 보고 비디오게임 제작사 '아타리'라는 회사에 들어간다. 젊은 시절에 들어간 아타리에서 그는 보통 사람들이 경험하기 어려운 일들을 숱하게 겪었다. 그리고 그 경험들은 보통 사람들 수준에서는 굳이 하지 않아도 되는 '사서 하는 고생'이었다. 그러나 그 모든 경험은 결국 그의 인생을 성공적으로 이끄는 밑거름이 되었다. 스티브 잡스는 자신이 원하는 일이 있으면 그것이 이루어질 때까지 도전하는 사람, 끈기가 매우 강한 사람이었다. 김태광 작가의 《우리 아이 스티브잡스처럼》이라는 책에는 이런 내용이 있다.

아이에게 찾아오는 시련은 아이가 견뎌낼 수 있을 만큼의 크기와 강도를 지니고 있다. 그런데 아이가 안쓰럽다고 해서 엄마가 대신 그 시련을 해결해준다면 아이는 자신의 힘으로 시련을 헤쳐 나가려고 하기보다는 늘 누군가에게 기대려고 할 것이다. 엄마라면 누구나 자기 아이를 세상의 주인공으로 키우고 싶어한다. 하지만, 이런 바람만으로는 아이가 세상의 주인공이 될 수 없다. 어릴 때부터 시련을 스스로 해결하는 주도적인 삶의 방식을 배워야 한다. 그래야 훗날 세상에 나갔을 때 위기가 닥쳐도 자신의 역량을 최대한 발휘할 수 있다.

회복 탄력성의 또 다른 표현은 긍정성이라 할 수 있다. 15년 전 나는 큰 위기를 겪었다. 그야말로 하루아침에 길바닥에 나앉는 신세가 되어버렸다. 남편은 사업이 어려워지자 나 몰래 아파트 계약서를 가지고 나갔고, 사채로 돈을 빌려 쓰고 갚지 못한 것이 화근이 되어 졸지에 집을 내줘야 하는 상황이 된 것이다. 나는 스스로에게 놀랄 때가 있다. 작고 사소한 일에 굉장히 민감하고 발끈하는 성격인데, 오히려 큰일 앞에서는 대범해진다. 그때도 그랬다. 당황스럽고, 막막했지만 나는 해결책을 찾는 사람이었다. '앞으로 어떻게 해야 하지?'

묵묵히 해결책을 찾으니 도움의 손길도 있었고, 비록 집이 없는 신세가 되었지만 그렇다고 하루도 길바닥에서 잠을 잔 적은 없었다. 그런 큰일 앞에 내가 한 것은 긍정적인 생각과 말을 계속하는 것이었다. 긍정적인 책을 읽고, 성경도 읽고, 기도도 했다. 문제에 매몰되지 않고 헤쳐 나가려고 지혜를 발휘했다. 우리는 곧 위기를 벗어났고, 몇 년 후에는 그 이전보다 상황이 더 좋아졌다. 위기 앞에서 긍정의 힘을 잃지 않는 것, 긍정적인 생각과 말, 그리고 실패와 좌절을 극복하고 성공한 사람들이 쓴 책을 읽은 것이 큰 위기를 뚫고 나온 힘이었다.

수업을 하다보면 틀리는 것에 굉장히 민감한 아이들이 있다. 글자가 틀려서 바로잡아주면 선생님이 바로잡아준 것이 싫어서 지우개로 빡빡 지워 흔적을 없애는 아이가 있다. 수학이나 국어 문제를 풀 때도 틀렸다고 표시하면 마구 지워서 자기가 틀렸던 사실을 극구 부정하고 싶어하는 아이다. 틀려도 괜찮다고 아무리 말해줘도 소용없다. 무엇이 원인이 되었는지 모르겠지만, 안타깝다. 만약 이 아이에게 조금의 어려움이라도 닥치면 어떻게 대처할까? 난관과 위기, 실패와 시련은 지울래야 지울 수 없는데, 아이의 마음이 어서 건강해졌으면 좋겠다.

에디슨, 아인슈타인, 스티브 잡스, 빌 게이츠, 버락 오바마, 넬슨

AI 시대 초등 공부, 책 읽기가 전부다

만델라, 조지 오카프, 반기문 UN사무총장, 강영길 박사, 현대그룹의 정몽준, 삼성의 이건희, 시각 장애인으로서 최초로 점자를 만든 루이 브라이, 오프라 윈프리 등 성공한 많은 사람들이 성공에 앞서 셀 수 없는 많은 실패와 좌절, 절망과 위기의 순간들을 겪었다. 그러나 그들은 그 모든 어려움을 극복하고 정상에 우뚝 섰다. 그들도 우리와 똑같은 사람이다. 우리 아이와 다를 게 없는 사람들이다. 다른 것이 딱 하나 있다면 바로 그들에게는 회복 탄력성이 있었다는 것이다.

지금도 그렇지만, 우리 아이들이 살아가야 할 세상은 더욱 만만치 않을 것이다. 우리가 겪었던 문제와 어려움과는 차원이 다른 문제와 어려움들이 있을 것이다. 중요한 것은 어려움을 겪은 이후의 모습이다. 다시 일어설 수 있는 강인함, 가던 길이 막혔다면 새로운 길을 찾을 수 있는 융통성이 필요하다. 인간관계에서 갈등과 상처를 받겠지만, 다시 또 사랑하고 나눌 수 있어야 한다. 책을 통해 실패와 역경을 딛고 일어서서 승자가 되고 성공한 많은 위인들을 롤 모델로 삼도록 해주자. 아이가 본받고 싶어하는 사람이 단 한 사람이라도 있다면 우리 아이는 어려움을 잘 이겨낼 수 있을 것이다.

책을 통한 다양한 간접 경험으로
문제해결 능력을 키워라

나는 지금부터 이야기하려는 문제해결 능력을 어떤 문제를 잘 해결하는 능력이라고 단순화시키고 싶지 않다. AI 시대에 AI를 이기는 문제해결 능력이란 첫째, 예측불허의 상황을 잘 대처할 수 있는 유연성, 정확한 표현으로는 융통성을 말한다. 둘째, 자신의 문제를 해결하는 능력 즉, 자신을 알고, 자신을 세심하게 파악해 자신을 끝까지 잘 데리고 사는 능력, 이 두 가지를 말하고자 한다.

첫 번째로 말한 유연성은 딱딱하지 않고 부드러운 성질을 말한다. 사람을 만나보면 유독 고집스럽고, 꽉 막힌 사람이 있다. 그런 사람들은 남의 말을 잘 듣지 않는다. 무조건 자기의 생각이 옳다고 주장한다. 또 자신이 잘못한 일이 있어도 절대 용서를 빌지 않고, 도리어 상대방의 잘못으로 돌린다. 이런 사람들은 책도 읽지 않고, 명사들

AI 시대 초등 공부, 책 읽기가 전부다

의 강연도 듣지 않으며 목사님의 설교도 듣지 않는다. 멘토도 필요 없고, 코치 받는 것도 싫어한다. 2020년을 살고 있으면서 생각이나, 습관, 세상을 보는 안목은 1900년대에 머물러 있는 듯하다.

그렇다면 이들의 삶의 수준은 어떨까? 예상대로 삶의 수준이 매우 낮다. 행복지수도 매우 낮다. 바로 이런 사람들을 유연하지 못하다고 하는 것이다. 변해가는 상황과 시대, 그리고 만나는 사람과 그 형편에 따라 유연할 수 있어야 한다. 자신보다 똑똑한 사람들이 많다고 생각하고 귀 기울여 배우려는 자세가 필요하다. 하루 24시간 흘러들어오는 다양한 정보를 긍정적인 마음으로 듣고, 내 삶을 성장시키는 동력으로 사용해야 한다. 주변에 성공한 사람들이나 멘토를 만나 상담하고, 코치를 받아야 한다. '내가 알고 있는 것이 전부가 아니다'라는 것을 깨달아야 한다. 마치 아이들이 손에 쥐고 가지고 노는 슬라임처럼 말랑말랑해서 동그란 그릇에 놓으면 동그란 모양, 별 모양 그릇에 놓으면 별 모양이 되는 것처럼 유연해야 한다. 유연하고 부드러운 사람이 성공한다. 세상은 그런 사람을 반기고 좋아한다.

융통성이란 그때그때의 사정과 형편에 따라 일을 적절하게 처리하는 재주다. 융통성은 능력이고 재능이다. 타고나는 것이 아니다. 갈고 닦으면 융통성이 만들어진다. 융통성이 없는 아이나 어른은 자기 자신도 고달프고 힘들며, 주변 사람에게도 폐를 끼치게 된다. 잘못된 융통성은 잔꾀를 내거나 속임수를 쓰는 등 얄팍한 수를 쓰는데, 이런 행동은 단시간에는 효과를 볼지 모르지만, 결국 나중에 가서는 자기에게 손해가 돌아온다는 사실을 염두에 두어야 한다.

그렇다면 아이에게 융통성을 어떻게 가르칠 수 있을까? 가장 단순하면서도 쉬운 방법이 있다. 핵심은 아이가 선택할 수 있는 선택권을 주는 것이다. 일상에서 예기치 못한 상황이 생겼거나, 실수를 했거나, 새로운 정보를 접하거나, 계획을 변경해야 하는 상황에서 아이가 스스로 2~4개의 대안을 낼 수 있도록 시간을 준다. 스스로 대안을 낼 수 없는 나이라면 부모나 교사가 2~4개의 대안을 주고 아이가 선택할 수 있도록 선택권을 주는 것이다. 아이는 문제를 해결하는 데는 여러 가지 방법이 있다는 것을 깨닫게 되고, 열린 사고를 가진 아이가 된다. 이 방법을 체득한 아이는 언제, 어떤 상황에서도 여러 가지 대안을 스스로 낼 줄 알고 가장 합리적인 방법을 스스로 찾게 된다.

기계 즉, 인공지능은 유연성과 융통성이 없다. 그들은 프로그래밍되어 있는 부분에서는 탁월하다. 그렇지만 예상치 못한 문제 앞에서는 멈춰버린다. 인간은 우리가 알고 있는 것보다 훨씬 위대하고 오묘하다. 다만 개발하려는 노력을 안 했을 뿐이다.

다음으로는 자신의 문제를 해결하는 능력 즉, 자신을 알고, 자신을 세심하게 파악해 자신을 끝까지 잘 데리고 사는 능력에 대해 이야기하고 싶다. 인생의 브레이크가 걸렸거나, 어떤 문제나 어려운 상황에 맞닥뜨렸을 때, 새로운 돌파구가 필요할 때, 지금보다 나은 인생을 살고 싶을 때, 자신을 탐색하고, 사람에 대한 이해가 필요할 때, 이 모든 것에 대한 해답은 책에 있으니 책을 읽으라고 권한다. 책을 읽고 인생이 바뀌는 경험을 해보지 않은 사람은 이해할 수 없을 것이다. 하지만 나는 책을 읽고 내 삶의 방향과 위치, 미래의 목표와 목적이 모두 뒤바뀌는 경험을 했다.

남편의 사업이 어려워지며 내가 경제적 어려움에 몰렸을 때, 처음 붙잡은 것은 성경책이었다. 성경이 오랫동안 가장 많이 팔린 책이라는 점과 성공한 사람들 대다수가 성경을 읽었다는 점, 무엇보다 성경에서 말하는 하나님을 의지하고 싶었다. 내 힘으로는 도저히 살 수 없는 지경이라 전능한 신의 도움이 절실히 필요했다. 성경책을 시작으로 부자되는 법, 자기개발, 성공한 사람들의 삶과 관련한 온갖 책을 다 읽었다. 아니 책을 먹었다고 표현하는 것이 오히려 더 어울린다.

그 당시 읽은 책은 셀 수 없이 많지만, 내 삶을 바꾸는 데 큰 영향을 미친 대표적인 책으로는 《목적이 이끄는 삶》, 《긍정의 힘》, 《꿈꾸는 다락방》, 《사소한 것에 목숨 걸지 마라》, 《커피 한 잔의 명상으로 10억을 번 사람들》 등이 있다. 그 후 내가 책을 쓸 수 있도록 동기부여를 해준 책은 《마흔, 당신의 책을 써라》, 《생산적 책 쓰기》, 《운명을 바꾸는 기적의 책 쓰기》 등이 있고, 이외에도 나폴레온 힐, 앤서니 라빈스, C.S 루이스와 같은 작가의 책을 읽었다. 책을 읽으면 어른, 아이 할 것 없이 똑똑해진다. 책을 읽으면 새로운 생각이나 새로운 지혜가 생긴다. 그래서 나는 인생에서 만난 가장 큰 위기를 책을 통해 이겨낼 수 있었다. 내가 성장할 수 있었고, 어제보다 나은 내가 될 수 있었던 힘은 바로 독서였다.

김태광 작가의 《우리 아이, 스티브 잡스처럼》에 소개된 스티브 잡스의 일화를 보면, 열여섯 살 때 그는 '나는 누구인가?'라는 심각한 정체성 혼란을 겪었다. 당시 그의 머릿속은 자신이 어떤 존재인지, 그리고 어떤 미래가 기다리고 있는지에 대한 의문으로 가득했다. 당시 스티브 잡스는 전자 기기에 푹 빠져 있었지만, 문학 작품에도 마음을 빼앗겼다. 이미 초등학교 시절부터 독서 때문에 학교 공부를 소홀히 할 정도로 책을 좋아했던 그는 셰익스피어의 작품 같은 고전을 읽었고, 허먼 멜빌의 《모비딕》을 손에서 놓지 않았다. 그는 다양한 고전을 읽으면서 자신이 무엇을 가장 좋아하는지, 무엇을 가장 잘할 수 있는지를 생각하고 또 생각했다고 한다.

미국의 첫 흑인 대통령 버락 오바마 역시 독서광으로 잘 알려져 있다. 그도 십대 시절 인종적인 문제로 스티브 잡스처럼 자신의 정체성 때문에 고민하던 시기가 있었다. 혼혈아가 겪는 갈등, 지독한 가난, 부모의 이혼 등은 그에게 심각한 정체성 혼란을 불러일으켰다. 이런 고민에 빠진 그를 구해준 것은 다름 아닌 책이었다. 그는 청소년 시절에 제임스 볼드윈, 랠프 엘리슨, 랭스턴 휴즈, 리처드 라이트 등의 책을 통해 자신의 인종적 정체성 문제를 이해하려고 노력했다. 대학시절에는 자신이 진정 믿는 것이 무엇인지를 알고자 영적이고 지적인 탐구를 위해 니체나 성 아우구스티누스의 책을 읽었고, 대학을 졸업하고, 시카고에서 지역사회 운동가로서 활동을 시작하던 시절에는 테일러 브랜치가 쓴 마틴 루터킹 목사의 전기에 큰 영감을 얻었다. 오바마는 책을 통해 자신의 꿈과 목표를 향해 꿋꿋이 나아가는 도전정신을 더욱 단단히 다질 수 있었고, 절망 속에서도 희망을 꽃 피우는 '긍정의 힘'을 기를 수 있었다고 고백했다.

1954년 1월 29일, 미국 남부 미시시피 주의 어느 한 마을에서 18세 된 가정부 출신 미혼 여성이 여자아이를 출산했다. 인종과 여성 차별이 극심하던 시절에 흑인으로 태어난 그 아이는 이후 불행으로 얼룩진 인생을 살았다. 바로 오프라 윈프리다. 오프라 윈프리는 과거 누구보다도 불행한 인생을 살았다. 그렇지만 그녀는 현재 누구도 부럽지 않은 인생을 살고 있다. 최근에도 많은 이들의 삶에 긍정적인 영향을 끼칠 만한 책을 출간했다. 이제 그녀에게는 '세계 최고 비즈니스 우먼'이라는 화려한 수식어가 붙는다. 그녀는 억만장자가 되었다. 그녀는 "독서가 내 인생을 바꿨다"라며 자신의 성공 비결은 바로 책에 있었다고 말한다.

책을 통해 변화되고, 책을 통해 운명이 바뀌고, 성장하고, 성공한 사람들을 어떻게 다 나열할 수 있을까. 삶의 크고 작은 문제에서부터 자신이 누구인가를 발견하고, 자기 자신을 끝까지 행복하게 잘 데리고 살아갈 수 있는 능력은 책을 통해 얻어진다. 더불어 다른 사람들에게 좋은 영향을 끼치고, 전 인류에 선한 영향을 미치는 모든 원동력이 바로 독서라는 것을 꼭 기억하자. 그렇다면 지금 당장 내 아이에게 백 번의 잔소리를 할 것인가? 아니다. 백 번 말하기보다 전달하고 싶은 내용이 담긴 책을 가만히 아이 무릎에 놓아주자. 책을 읽은 아이는 반드시 변화될 것이고, 미래를 행복하게 살아갈 것이다. 책을 통해 우리 아이의 문제해결 능력을 키워주자!

AI에게는 없는
인간 고유의 특성을 키워라

인성교육진흥법에 의거해 초중고 학생들의 인성교육을 위한 'KEDI 인성검사'는 10개의 인성 덕목과 하위요인을 정리했다. 10개의 덕목을 보면 제아무리 최첨단 기술이 발달하고, 인공지능이 발달해서 우리 인간보다 더 뛰어나다 해도 절대 흉내조차 낼 수 없는 영역이 바로 인간의 성품, 인성인 것이다.

10개의 덕목을 다시 세 가지로 나누면 자기, 타인, 사회가 된다. 즉 우리 인간은 자기 자신을 존중하고 잘 가꾸며, 타인을 공감하고 타인과 소통하며, 지역과 사회에 선한 영향을 끼치며 더불어 함께 살아가는 것이다. 다시 말하면, 자신을 사랑하고, 타인을 사랑하며, 자기 국가를 사랑하고, 나아가 전 세계를 사랑하는 것, 그것이 바로 인간의 성품, 인성이다. 인공지능 로봇에게는 없는, 인공지능 로봇보다 뛰어난 영역이다.

우리는 그동안 너무나 폭 좁은 삶을 살아왔다. 아니 먹고살기에 급급해 우리의 본질인 인성을 잊고, 일하는 기계나 학습하는 기계처럼 살아왔다. 자기를 사랑하고, 타인을 사랑하고, 나의 국가를 사랑하고, 전 세계를 사랑하며 살아야 할 대인배들이 땅에 떨어진 빵부스러기만 보면 자기 것으로 취하려고 온 힘을 다해 끌고 가는 일개미들처럼 살았다. 어린아이들은 새끼 일개미처럼 자기보다 더 큰 짐을 짊어지고 아침 일찍 나가 어른보다 더 늦게 집으로 돌아온다. 어른, 아이 할 것 없이 종일 쉬지도 못하고 뭔가를 계속하느라 지칠 대로 지쳐서 집으로 돌아온다. 저녁이 되어 집에 돌아오면 지치고 지친 사람들뿐, 마음의 여유도, 육체의 여유도 없이 각자 최소한의 의무를 마치고 잠자리에 든다. 또다시 아침이 밝아오면 어제의 피곤이 풀리지도 않은 채 다시 부지런히 먹이를 나르러 각자 집을 나선다.

이렇게 하루하루 바쁘고 기계처럼 살던 우리의 삶이 한순간에 바뀌었다. 2020년 2월, 어느 날 갑자기 우리의 일상을 파고든 코로나19는 일개미처럼 열심히 땅만 보고 살던 우리들의 모든 삶을 멈추게 만들었다. 어마어마한 위력이 아닐 수 없다. 코로나19는 직장, 학교, 모든 단체를 해체시켜 놓았다. 학교가 생긴 이래 학생들이 등교하지 않아 학교가 학교 구실을 못한 일은 역사상 처음 있는 일이다. 그런 혼란 속에서 유일하게 하나로 뭉치게 된 것이 가정과 가족이다. 어른들은 직장을 가지 못했고, 학생들은 학교에 가지 못했다. 어린아이들은 보육 기관에 가지 못해 한 지붕 아래 오로지 가족들만 똘똘 뭉치게 만들었다.

AI 시대 초등 공부, 책 읽기가 전부다

모든 일상이 멈춰진 듯한 이때, 사람들은 두 부류로 나눠졌다. 한 부류는 코로나19를 원망하며 코로나19가 사라지기를 기다린다. 그러면서 코로나19가 끝나면 모든 일을 다시 시작하려고 기다리는 부류다. 또 다른 한 부류는 코로나19 초기에는 어리둥절해 잠시 혼란스러웠지만, 세계의 흐름과 정세를 빨리 파악해 미래를 준비하는 부류다. 나는 어느 부류에 속했는가? 나는 지금은 어느 부류에 속하는가? 부디 이 책을 읽고 있는 당신은 후자이기를 바란다. 그래야 자신과 자녀들의 미래도 준비하는 앞서가는, 지혜로운 부모나 교사가 아니겠는가?

인성에 대한 이야기를 하기 전, 코로나19가 바꿔놓은 우리의 현실을 보고자 한다. 그동안 학부모, 교육자, 미래학자 등 다수가 공교육에 대한 불만과 아쉬움들을 쏟아냈지만, 우리나라 공교육은 크게 달라지지 않았다. 아니, 쉽게 달라질 수 없다는 것을 우리 모두는 알고 있다. 하지만 코로나19라는 바이러스가 우리나라 공교육에 빨간 신호등을 켰다. 그러면서 공교육이 순식간에 완전히 바뀌었다. 아이들은 등교를 하지 않고, 온라인 학습을 한다. 준비되지 않은 교사와 학생, 그리고 학부모들은 당황스럽다. 어쩌면 이전 공교육보다 폐해가 크다. 교사와 학생들의 문제는 차치하고, 아이들의 폐해를 다루고 싶다.

그렇지 않아도 요즘 스마트폰과 각종 온라인 매체들에 중독되다시피 한 아이들에게는 천국에 온 것이나 다름없다. 온라인 학습을 한다는 핑계로 하루 종일 스마트폰이나 컴퓨터 앞에 앉아 있을 수 있으니 말이다. 코로나19로 인해 밖으로 내보낼 수도 없고, 그렇다고 부모들이 만사를 제쳐두고 아이들 옆을 지키며 수업이 끝날 때마다 다른 놀이를 하도록 지도할 수도 없는 노릇이 되어버렸다. 아이들은 게임의 고수, 유튜브의 VVIP가 되었다. 실제로 코로나19로 인해 쉬는 기간에 예전에 비해 스마트폰이나 게임을 더 많이 해서 걱정하는 엄마들과 상담을 여러 차례 했다. 그렇게 쉬면서 스마트폰과 컴퓨터게임을 한 아이들의 집중력과 의욕은 더 낮아진 것이 당연하다. '코로나19가 끝나고 아이들이 하루라도 빨리 학교에 가면 좋으련만!' 우리는 그렇게 불만을 품던 공교육에 다시 아이들을 맡기기를 기다리고 있다.

그렇지만 아쉽게도 코로나19가 빨리 끝날 것이라는 전망은 누구도 내놓지 않는다. 오히려 더 길어질 것이고, 한 번 생긴 바이러스는 인간과 공생한다는 말도 있다. 어쩌면 우리 아이들이 예전처럼 교실에 모여 오순도순 수업할 날이 과연 오기나 할까? 나는 바이러스 전문가는 아니기에 답을 내릴 수는 없다. 다만 한 가지 분명하게 말할 수 있는 것은 예전과는 달라졌다는 것이다. 우리는 달라졌다는 것을 인정하고, 달라진 이후의 삶을 어떻게 살 것인지와 이대로 아이들이 학교에 가지 않고 온라인 학습을 하며 가정에 머물게 된다면 우리의 교육 방향과 목적도 달라져야 한다는 것을 말하고 싶은 것이다.

이제는 어느 기관이나, 어느 누구에게 내 아이를 맡길 수 없다. 아이에게 가장 좋은 선생은 부모이고, 가장 좋은 교육기관은 가정이 되었다. 그래서 부모들이 먼저 부모로서의 가치관과 의식을 바꾸고 더 나아가 미래를 먼저 내다볼 수 있는 안목을 키우는 것이 중요하다. 어

AI 시대 초등 공부, 책 읽기가 전부다

쩌면 아이 교육이 아니라, 어른 교육, 부모 교육이 선행되어야 한다. 그래서 나는 독서 수업도 하지만, 상담·컨설팅과 부모와 아이들을 코칭하는 일도 함께 하고 있다.

앞서 말한 인성 덕목 10가지는 학교에서 배울 수 없는 것이 더 많다. 물론, 학교라는 공동체에서 반드시 배워야 할 항목도 있지만, 대부분은 가정에서 부모가 끊임없이 가르치고, 돕고, 안내해줘야 할 항목이 더 많다. 나는 코로나19로 인해 가정에 머물러 있는 시간이 많아진 우리 아이들이 인성을 갖추기에 더 없이 좋은 기회라고 생각한다. 학교에 가지 않는 아이들로 인해 스트레스 받고, 관계가 무너지는 말과 행동으로 아까운 시간을 허비하지 않았으면 좋겠다. 가정에서 아이들의 인성을 키워주고, 또 아이들의 독서 시간을 어떻게 늘려주느냐에 대한 구체적인 코칭 방법은 다음 장에서 자세히 소개하겠다.

보다 생산적이고, 아이들에게 좋은 습관과 태도를 갖춰줄 수 있는 유일한 축복의 시간으로 모든 부모들이 선용했으면 하는 마음이다. 더불어 독서의 시간을 많이 가질 수 있도록 부모가 아이들을 독려하기를 바란다. 부모의 말로 아이의 인성이 갖춰지지는 않는다. 아이가 자각하고 깨달아야 뿌리에서부터 단단한 인성이 갖춰진다. 그러기 위해 책 이상의 것은 없다. 독서 습관은 우리 아이를 명품인격으로 만들어준다. 부모나 교사들도 갖추지 못한 인성을 우리 아이가 갖출 수 있도록 해줘야 한다.

5장.

책 잘 읽는 아이로 만드는 엄마의 독서코칭 기술

엄마부터 TV와
스마트폰을 끊어라

아이를 키우는 엄마들이라면 대부분 내 아이가 똑똑했으면 좋겠고, 자기 일은 자기가 알아서 척척 하기를 바라며, 책 읽으라는 말을 하지 않아도 책 잘 읽는 아이가 되기를 바랄 것이다. 그렇지만 자녀를 길러봐서 알겠지만 어디 그게 내 마음대로 되는 일인가? 혹 지금 자녀를 막 키우기 시작한 초보 엄마들에게는 실망스러운 말일지 모르겠지만, 자녀는 내 마음 같지 않다는 말을 먼저 들려주고 싶다. 자녀는 '내 마음대로 되는 것이 아니라, 내가 행동한 대로 된다' 이렇게 말하는 것이 맞을 것 같다.

아이가 몇 살이든, 아이를 가만히 살펴보자. 아이가 하는 말은 부모의 말과 같다. 사투리를 사용하는 엄마라면 아이도 사투리를 쓴다. 걸음걸이, 습관, 식성, 잠버릇 등 내 마음과 닮았는지, 내 행동과 닮았는지 살펴보면 엄마, 아빠의 행동을 그대로 본뜬 것처럼 따라 한다. 아이들이 부모가 하는 말과 행동, 표정까지 거울처럼 보고 따라 한다고 해서 '거울 효과' 또는 '미러링(Mirroring) 효과'라고 한다.

내가 큰아이를 키울 때 일이다. 서너 살쯤 되었을 때, 아이가 티슈를 한 장 '탁' 뽑더니 장식장 위의 먼지를 '쓱쓱 싹싹' 닦는다. 또 할머니 댁에 놀러 갔는데, 할머니가 청소를 하시니까 아이가 옆에 있던 수건을 '착착' 접더니 정사각형을 만들어서 방바닥을 닦는다. 그 모습이 어찌나 귀엽던지 나도 웃고 할머니도 웃었다. 그 시기에 한참 그렇게 했던 것 같다. 그 모습은 엄마인 내가 청소를 하는 모습이다. 엄마가 방바닥을 닦을 때, 걸레를 접어서 사각형으로 만든 뒤, 방바닥을 닦는 모습을 보고 어린 아기였던 우리 아이가 그대로 따라 했던 일이 기억난다.

둘째인 아들 역시 서너 살쯤 되었을 때, 어른들의 흉내를 많이 냈다. 특히 교회의 목사님 흉내를 내며 우리 가족을 즐겁게 해줬던 기억이 난다. 우리는 매주 일요일이면 아이를 데리고 교회에 갔는데, 아이가 교회에 다녀오면 일주일 내내 우리 가족의 목사님이 되어 우리를 주르륵 앉혀놓고 설교를 한다. 목사님처럼 손짓, 몸짓하며 아직 말도 잘 못하는 아이가 목사님 흉내를 낸다. 우리 가족은 모두 배꼽을 잡고 웃었다.

아이는 부모가 "어휴, 힘들어"라는 소리를 자주 하면, 자기도 "어휴, 힘들어" 하고, 부모가 "짜증나" 하면 아이도 "짜증나"라는 말을 따라서 한다. 거친 말이나 욕설을 섞어가며 말을 하는 집은 아이도 역

AI 시대 초등 공부, 책 읽기가 전부다

시 거칠고 욕을 자주한다. 긍정적이고 다정한 말을 많이 하는 집의 아이는 긍정적이고 다정한 말을, 부정적이고 불평, 불만을 많이 하는 집의 아이는 아이도 역시 똑같이 한다.

아이의 말과 행동, 그리고 표정 등을 보면 그 집의 분위기나 부모의 모습을 어렴풋이 그려볼 수 있다. 내 아이가 보여주는 행동과 말을 잘 살펴보자. 그 모습이 엄마인 나의 모습일 수 있고, 혹은 아빠인 나의 모습일 수 있다. 아이는 나를 비춰주는 거울이다. 내가 원하지 않는 모습이 아이에게서 비춰지고 있다면, 지금 바로 고치자. 우리의 행동과 말은 얼마든지 수정이 가능하다.

좋은 행동은 좋은 행동을 낳고, 바람직하지 않은 행동은 그 역시 바람직하지 않은 행동을 낳는다. 부모가 끊임없이 스마트폰을 들고 있는 가정의 아이라면, 아이 역시도 손에서 스마트폰을 놓지 못한다. 부모가 TV 시청을 많이 한다면, 아이 역시도 TV를 많이 보고 좋아할 수밖에 없다. 반면, 부모가 책을 많이 읽는다면, 아이도 자연스레 책을 많이 읽는 아이가 된다. 부모인 자신이 아이에게 기대하는 모습은 무엇인가? 아이가 하루 종일 스마트폰으로 다른 사람의 인스타그램을 보며 동경하기를 원하는가? 또는 중요하지 않은 인터넷 서핑을 하며 하루를 보내는 아이가 되기를 원하는가? 아이가 게임의 고수가 되기를 원하는가? 복사기에서 복사본이 나오듯이 아이는 부모가 보여준 모습 그대로 출력해줄 것이다.

"내 아이는 주로 무슨 행동과 말을 하는가?"

"내 아이는 스마트폰과 TV를 하루에 얼마만큼 보는가?"

"내 아이는 책을 즐겨 읽는가? 아니면 책 읽기를 싫어하는가?"

이 세 가지 질문에 답해보면, 부모인 내가 앞으로 무엇을 하지 말아야 할지, 무엇을 해야 할지 방향이 잡히리라고 본다.

요즘 아이들을 데리고 외출하는 부모들을 보면 필수적으로 챙기는 용품이 있다. 바로 스마트폰이나 아이 전용 태블릿PC다. 친구들 모임이나, 친척들 모임의 식사 자리에서 테이블마다 아이들은 전부 동영상을 시청하고 있다. 아이는 멍하게 앉아, 눈앞에서 빠른 속도로 지나가는 영상들을 보기 바쁘고, 어른들은 담소를 나누기에 바쁘다. 그림책을 들고 있는 아이는 찾아보기 힘들다. 그림책을 들고 있으면 스마트해 보이지 않거나, 현대식 엄마처럼 보이지 않아서일까? 책을 챙겨서 가지고 나오는 것이 더 번거롭고, 가지고 나왔을 때 읽어줘야 하는 불편함 때문일까? 식당이나 카페에 엄마 따라 나온 아이들은 모두 전용 태블릿PC 한 대씩을 들고 동영상 시청에 흠뻑 빠져 있다. 영상물에 많이 노출되고 자극받은 아이들은 책 읽기가 매우 재미없게 느껴진다. 좋은 독서 습관을 들이기까지 시간이 오래 걸린다. 아이들에게 영상물은 굉장히 자극적이고 화려하다. 반면 책은 무미건조하고 시시하다. 그리고 어렵고 지루하다고 느끼기 때문에 책을 읽자고 하면 아이들이 다 도망갈지도 모른다. 책보다 영상물을 먼저 맛보여준 엄마들은 곧 자신이 얼마나 큰 실수를 했는지 깨닫게 될 것이다. 아이들에게 영상물을 안 보여줄 수는 없다. 되도록 영상물을 처음 보여주는 시기가 늦으면 늦을수록 좋다.

요즘 엄마들은 아이에 대한 사랑과 관심이 예전 엄마들에 비해 더욱 특별한 것 같다. 아이의 먹거리 하나만 봐도 알 수 있다. 아이 분유를 선택할 때도 유기농 분유, 최상급으로 먹인다. 이유식은 또 어떤가. 고기도 신중하게 선택하고, 채소 하나하나도 유기농으로 구매해서 손수 만드는 홈메이드 이유식을 먹인다. 아이의 먹거리, 옷, 교육 모두 그렇게 특별한 주의와 관심을 가진 부모라면 이제는 스마트폰과 태블릿PC에 대해서도 다시 한 번 주의를 기울이자. 외출할 때 아이 손에 그림책 몇 권, 또는 알록달록 색종이, 색연필, 크레파스 등을 챙기면 어떨까? 스마트폰과 태블릿PC가 인스턴트식품이라면, 그림책, 색종이, 크레파스는 유기농이고, 엄마가 직접 만들어준 홈메이드 영양식인 것이다. 생각해보라. 눈동자는 멍하고, 자세는 요지부동이고, 곧 화면 안으로 들어갈 것 같은 구부정한 자세의 아이 모습과 그림책을 읽느라 눈을 요리조리 움직이며 종알종알 말하는 아이의 입술과 밝은 표정, 둘 중 어떤 모습이 아이다운 모습이겠는가.

이 책의 마지막인 이 장에서는 아이가 책 읽기를 즐거워하고, 책을 잘 읽는 아이로 만드는 엄마의 코칭 기술을 소개하고자 한다. 그 첫 번째 단계로 "엄마부터 TV와 스마트폰을 끊어라"고 말하고 싶다. 왜냐하면 책 잘 읽는 아이는 부모의 책 읽는 모습을 보고 따라 하기 때문이다. 아무리 좋은 책을 사다주고 읽으라고 해도 엄마가 스마트폰과 TV를 보고 있다면 아이도 따라서 스마트폰과 TV를 보는 것이 당연하기 때문이다. 또 아이와 외출을 할 때, 엄마부터 태블릿PC를 놓고 가자. 유아든 초등학생이든 중학생이든 엄마의 담소 시간에 아이의 무료함을 달래기 위해 손에 쥐어주었던 스마트폰 대신 재미있는 책 한 권을 들려주는 습관을 들여보자. 좋은 습관은 아이의 인생을 바꿔놓는 강력한 힘이 있다.

02

꼭 글자책만 읽어야 한다는
고정관념에서 벗어나라

책 잘 읽는 아이로 만드는 엄마의 독서코칭 두 번째 기술을 위해서는 우선 엄마가 가지고 있는 독서에 대한 고정관념은 무엇인지를 파악하는 것이 좋다. 그리고 그 고정관념을 버리고 새로운 생각들로 바꾸는 것이 먼저다. 흔히들 책은 처음부터 끝까지 읽어야 한다는 생각, 만화는 도움이 안 된다는 생각, 고학년은 고학년답게 글자로 되어 있고 조금은 두꺼운 책을 읽어야 한다는 생각 등의 고정관념을 갖고 있다. 아이의 즐거운 독서 교육을 위해 다니엘 페냑의 '독서인의 권리장전'을 소개한다. 기존의 가지고 있었던 생각과 비교해보면 좋을 것 같다.

독서인의 권리장전

1. 내키지 않는 책을 읽지 않을 권리

2. 페이지를 건너뛰며 읽을 권리

3. 다 읽지 않을 권리

4. 다시 읽을 권리

5. 무엇이든 읽을 권리

6. 상상의 세계로 빠질 권리

7. 어디서든 읽을 권리

8. 대충 훑어볼 권리

9. 소리 내어 읽을 권리

10. 읽고 나서 아무 말도 하지 않을 권리

어떤가? 엄마의 입장에서 독서 지도를 하는 교사 입장에서 볼 때, 정말 저렇게 해도 되나 하는 우려도 없지 않다. 그렇지만 입장을 바꿔 아이들의 입장에서 생각해봤을 때, 독서인의 권리장전은 아이들을 지금보다 훨씬 더 책을 즐겨 읽는 아이로 만들어줄 것이다. 우리의 목적은 아이를 책을 즐겨 읽는 아이로 만드는 것이다.

엄마들도 읽고 싶지 않은 책을 억지로 읽는 일이 얼마나 고통스럽고 지루한 일인지를 잘 알면서도 아이에게는 필요한 책이라며 강요할 때가 종종 있다. 그 책을 아이가 읽기를 바라는 마음은 알겠지만, 그렇게 책을 읽은 아이는 책에 대한 안 좋은 기억과 감정만 갖게 된다. 아이들은 재미를 추구한다. 아이들은 즐거워야 또 한다. 엄마들은 기억하자! 아이가 관심 있어 하는 분야의 책을 먼저 읽히는 것, 그 일이 가장 중요하다. 아이가 읽고 싶지 않은 책을 억지로 강요받아서 읽는다면 책과는 점점 더 멀어지게 될 것이다.

어른들은 매우 성실하다. 그래서 책을 읽는 자세에서도 그 성실함이 나타나다 보니 페이지를 건너뛰는 일은 상상할 수도 없는 일이다. 하지만 다니엘 페냐의 '독서인의 권리장전'에서는 페이지를 건너뛸 권리도 있다고 말한다. 독서 수업에서는 경험하기 쉽지 않은 일이다. 독서 수업은 독서 교육이라고 할 수 있다. 아이들이 올바른 독서를 하도록 지도하는 일, 아이들의 특성과 성장에 맞는 도서를 선정해서 바르게 읽히고, 모든 학습에 기반이 되도록 지도한다는 목적이 있기 때문이다. 하지만 가정에서 엄마가 독서코치가 되어 아이들을 코칭 할 때는, 핵심키워드나 관심 있는 부분만 읽도록 하는 것도 아이들이 독서를 즐길 수 있는 하나의 방법이 될 수 있다. 필요 없이 많은 글자를 읽다가 지치는 것보다, 아이에게 필요한 부분만 읽는다든지, 아이가 관심 있어 하는 부분만 골라 읽는 것도 독서를 즐기는 아이로 만드는 방법 중의 하나다.

페이지를 건너뛰며 읽을 권리와 비슷한 다 읽지 않을 권리와 다시 읽을 권리도 있다. 아이들이 처음에는 제목이 마음에 들거나, 책의 두께, 글자의 크기를 보고 자신이 책을 선택했다 하더라도 책의 내용이 자기와 맞지 않을 수 있다. 그때는 과감하게 책을 덮는 것을 허용해줄 수 있는 어른이 아이들에게는 필요하다. 아이들이 책을 읽고 있다 하더라도, 이해가 안 되는 내용은 없는지, 어려운 낱말들이 많이 있는 것은 아닌지, 계속 읽고 싶은 책인지 중간중간 물어보는 것이 좋다. 아이가 어렵고 힘든 책을 억지로 읽는 일이 없도록 옆에서 관심을 갖고, 지켜보고 도와주는 것이 좋다.

또 어떤 책은 아이가 여러 번 읽고 싶어 하는 책도 있다. 예를 들어 재미있었거나, 쉽게 읽힌 책, 친근감이 느껴진 책, 관심 분야의 책은 여러 번 읽기를 원한다. 이것은 긍정적인 반응이다. 여러 번 반복해서 읽는 책과 비슷한 장르의 책을 계속 연결해서 읽힐 수 있어서 좋다. 여러 번 읽었으니 그 책에 대해서는 박사가 되었다. 이때 아이는 자신감이 생기고, 또다시 자기가 몰입할 수 있는 책을 찾아나서게 된다. 독서가 즐거워진 것이다.

다음은 무엇이든 읽을 권리를 주라는 것이다. 세상에는 읽을거리가 넘치고 넘친다. 그런데도 엄마들은 아이가 읽기 싫다고 하는 책만 골라서 읽히고 있는 느낌이다. 이는 아이를 아예 독서 밖 세상으로 내모는 것과 마찬가지다. 아이는 엄마, 아빠와 다르다. 성격도 다르고, 취향도 다르고 미래의 직업도 다를 것이다. 그렇다면 아이의 관심사도 당연히 다르지 않겠는가? 어떤 아이는 만화책을 좋아할 수도 있다. 어떤 아이는 과학도서를 어떤 아이는 식물도감을 어떤 아이는 패션, 요리, 우주, 문학 등을 좋아한다. 그래서 엄마들은 자신이 읽히고 싶은 책을 고집하기보다는 아이가 선택하고, 아이가 선호하는 장르와 관심 있어 하는 분야의 책을 읽을 수 있도록 해야 한다. 아이에게 무엇이든 읽을 권리를 줌으로써 책을 즐겨 읽는 아이가 된다.

아이가 책을 읽다 보면 말도 안 되는 이야기를 할 때가 있다. 그때 대부분의 엄마들은 어떻게 할까? "그랬어? 그런 대단한 일도 있구나!" 하며 맞장구를 쳐주는 엄마도 있겠지만, "말도 안 되는 이야기를 또 하는구나. 시끄럽고, 가서 숙제나 해"라며 아이의 말문을 막아버리는 엄마도 있다. 엄마의 반응에 따라 상상의 세계로 가는 문이 열릴 수도 있고, 닫힐 수도 있다. 자녀를 위대한 작가, 소설가, 영화감독, 사업가로 키운 부모들은 자녀의 이야기에 귀 기울여주고, 공감해주는 부모들이었다. 그 부모들은 모두 아이가 상상의 나래를 펼칠 수 있도록 언제나 아이의 이야기에 귀를 기울여주었다고 한다. 아이는 마음껏 상상의 세계로 갈 권리와 엄마는 아이를 그곳으로 데려다줄 의무가 있다. 상상력이 풍부한 아이는 미래 시대가 원하는 창의적 상상력이 풍부한 사람으로 자랄 것이다. 그리고 책을 읽는 즐거움에 푹 빠지게 된다.

도서관이나 서점에 가면 읽고 싶은 책, 관심 있는 책이 너무 많아서 그야말로 책을 훑어보게 된다. 중요한 과제나 중요한 정보를 얻기 위해 많은 양의 책을 읽어야 할 경우가 있다. 그때도 빠른 속도로 책을 '휘리릭' 넘겨본다. 그런데 신기하게도 필요한 지식과 필요한 문구가 나의 머릿속에 새겨진다. 또 어떤 책을 읽어야 할지 모를 경우, 책을 훑어보면 읽고 싶은 마음이 드는 책이 있다. 아이와 도서관이나 서점에 갔을 때, 아이가 보게 되는 수많은 책의 제목들도 아이에게는 새로운 지식을 받아들이는 좋은 기회가 된다. 책의 제목은 그 책의 핵심이므로 아이가 되도록 많은 책을 접해볼 수 있는 기회를 만들어주자. 책을 가까이 하고, 책이 늘 눈에 보이고, 직접 만져봐야 책과 친해져서 책을 즐겨 읽는 아이가 된다. 어쩌다가 한 번 책을 봤는데, 읽으라고 하면 아이는 거부하기 마련이다. 우리 아이가 책을 즐겨 읽는 아이가 되기 위해서는 많은 책을 보고, 만지고, 넘겨볼 수 있도록 기회를 주자.

그 밖에도 소리 내어 읽기와 읽고 나서 아무 말도 하지 않을 권리가 있다. 소리 내어 책을 읽으면 기억을 더 잘하게 된다. 엄마나 아빠가 읽어준 책을 생생하게 기억하는 것도 이런 이유에서다. 더불어 눈으로 읽고, 소리를 내고, 귀로 들으니 뇌의 더 많은 영역이 움직이기 때문에 뇌의 발달에도 매우 좋다. 어휘력이 높아지고, 정확한 발음을 낼 수 있다는 장점도 있으니 아이가 책을 소리 내어 읽을 수 있도록 하자.

끝으로 책을 읽고 나서 아이는 아무 말도 하지 않을 권리가 있다. 그렇지만 엄마들은 궁금하다. 제대로 책을 읽은 것인지, 무엇을 깨달았는지 알고 싶고 궁금해서 아이에게 추궁하듯 물어본다. 아이는 난처하다. 책을 읽었다고 해서 무조건 깨달음이 있는 것은 아니기 때문이다. 때로는 엄마의 적절한 질문이 필요하지만, 때로는 아이가 할

AI 시대 초등 공부, 책 읽기가 전부다

말이 없거나, 아무 말도 하고 싶지 않을 때가 있다는 것을 기억하자. 엄마의 궁금증과 아이를 점검하기 위한 질문으로 인해 오히려 아이가 책을 다시는 읽고 싶지 않은 마음이 들 수도 있다. 아무 말 하지 않아도 책은 아이의 머리와 가슴에 새겨졌을 것이라 믿고, 더 좋은 다음 책을 아이 손에 들려주자.

독서인의 권리장전을 통해 그동안 가지고 있었던 독서에 대한 고정관념에서 벗어나길 바라는 마음이다. 독서가 아이에게 감옥이 되지 않도록 하기 위해서는 엄마의 자유로운 사고가 무엇보다 필요하다. 아이들이 자유롭고 행복하게 독서할 수 있는 환경은 부모가 만들어주는 것이다. 엄마도 자유롭고 행복한, 아이도 자유롭고 행복한 책 읽기가 되기를 바란다.

03

질문하고
또 질문하라

책 잘 읽는 아이로 만드는 엄마의 독서코칭 세 번째 기술은 질문이다. 질문에는 두 가지가 있다. 아이의 사고를 확장하고 책의 다음이 궁금해지는 열린 질문과 아이의 사고를 닫히게 하고 책과도 멀어지게 하는 닫힌 질문이다. 많은 엄마들이 질문에 대해 오해하거나, 책을 읽으며 무슨 질문을 해야 할지 어려워하는 경우가 있다. 우선 질문의 기본 틀을 만드는 것이 중요하다. 앞에서도 언급했지만, 질문의 기본 틀은 국어 시간에 배우는 '누가, 언제, 어디에서, 무엇을, 어떻게, 왜'의 육하원칙을 기본으로 하면 편하게 할 수 있다. 가장 기본이 되는 육하원칙을 가지고 아이들과 책을 읽을 때 적용해보자. 아주 간단하면서도 아이의 생각과 표현을 자연스럽게 끌어낼 수 있는 좋은 방법이다.

'누가'를 넣어 질문을 만든다면, "누가 그랬을까?", "누구 때문에 마음에 상처를 입었을까?", "누구를 기쁘게 해주고 싶은 걸까?", "누구와 누가 지금 갈등을 겪고 있는 거지?", "너와 같은 입장의 친구는 누구야?", "너라면 누구에게 칭찬의 말을 해주겠니?", "너라면 누구에게 충고의 말을 해주겠니?" 등 책 속의 상황에 따라 '누구'를 넣어 많은 질문을 할 수 있다. 이런 질문에 아이들은 생각하게 되고, 어렵지 않게 대답을 하며 책 속 인물들을 나름대로 정리한다. 본받아야 할 인물, 충고해줘야 할 인물, 상황과 처지가 안타까워 돕고 싶은 인물, 어떤 인물을 통해서 자신의 행복을 느끼기도 한다. 이런 방법은 어른들이 가르친다고 해서 되는 것이 아니다. 질문을 통해 생각하고, 정리해서 자기의 판단과 기준을 만드는 것이다. 이런 아이가 자신에 대해서 잘 알게 되고, 다른 사람을 이해하는 마음이 넓은 아이가 된다.

'언제'를 넣어 질문을 해보자. "언제부터였을까?", "언제쯤 하면 좋을까?", "언제 일어난 일일까?", "너라면 언제 하겠니?", "너는 언제 해보았니?", "언제쯤 이루어질까?", "언제 가면 좋을까?" 등 과거와 미래의 시기와 시간을 유추해볼 수 있는 질문이 바로 '언제'가 들어가는 질문이다. 아이들은 이 질문을 통해 지나간 시간을 되돌아보고, 앞으로의 일을 계획해볼 수 있다.

'어디에서'라는 단어를 넣어 아이와 재미있게 소통할 수도 있다. "너라면 어디에 있겠니?", "그 아이는 어디에서 온 걸까?", "과연 어디로 갈까?", "넌 어디로 가고 싶니?", "어디에서 살까?" 등 '어디에서'를 넣은 질문은 아이에게 장소나 위치에 대해 한 번 더 생각해보게 하는 질문으로 좋다. 막연히 지나칠 수 있는 공간적 배경을 질문으로 던져줌으로써 책 속에 나오는 장소나, 위치에 관심을 가지고 보게 된다. 호기심과 궁금증을 유발하는 질문으로 활용하면 좋다.

이번에는 '무엇'을 넣어 질문해보자. "너는 이 그림을 보고 무엇을 생각했어?", "책 제목을 보니 무슨 이야기가 있을 것 같니?", "원하는 것이 무엇일까?", "무엇을 주면 좋을까?", "지은이는 독자에게 무슨 말을 하고 싶은 걸까?", "무슨 걱정이 있는 걸까?" 등 '무엇'이 들어가는 질문은 아이의 생각을 깊이 파고들어갈 수 있는 질문이다. 자신이나 타인의 드러나지 않은 감정과 생각을 겉으로 끌어올릴 수 있는 질문이라고 할 수 있다. 즉 겉으로는 알 수 없는 보이지 않는 세계를 드러내고 싶을 때 이 질문을 이용하면 좋다.

"어떻게 생각해?", "어떻게 하면 좋을까?", "그 문제를 해결하려면 어떤 방법이 있을까?", "너라면 어떻게 했겠니?", "다른 더 좋은 생각은 어떤 생각일까?", "어떻게 하면 좀 더 잘할 수 있을까?", "어떻게 된 일일까?", "앞으로 어떻게 하면 좋을까?", "앞으로 어떤 일이 일어날까?" 등 '어떻게'를 넣어서 아이에게 질문한다. '어떻게'라는 단어가 들어가는 질문에 아이는 일의 원인, 이유, 까닭을 살펴보게 된다. 그와 동시에 문제의 해결방안을 생각하고 멋진 대안을 내놓게 된다. '어떻게?'라는 질문은 아이에게 문제해결 능력과 동시에 일의 원인을 찾게 해주는 중요한 질문이 되며, 책 속 사건의 실마리와 해결책을 찾는 탐정의 시선으로 책을 읽게 해준다. 논리적인 생각과 논리적인 의견을 펼칠 때 유용하게 쓰이는 질문이니 엄마의 독서코칭에서 많이 활용하도록 하자.

다음은 '왜?'라는 질문이다. 엄마들은 그저 부드럽게 "왜?", "왜 그

AI 시대 초등 공부, 책 읽기가 전부다

렇지?”, “그래서?”라는 질문만 해도 아이와의 소통이 풍성해진다. “왜 그런 걸까?”, “왜 그랬을까?”, “왜 그런 말을 했을까?”, “왜 그곳에 온 거지?”, “왜 다시 갈까?” 등 아이가 자신의 이야기를 계속할 수 있도록 만드는 질문이 바로 ‘왜?’라는 질문이다. 그 후 ‘그렇구나’, ‘그래서?’ 등을 넣어 질문을 하면 아이는 신이 나서 자기 이야기를 한다. 책을 읽을 때도 마찬가지다. 질문하기 애매모호할 때, 질문하는 것이 어려운 엄마들은 아이와 책을 읽으며 ‘왜?’라는 질문을 자주 던져주자. 그러면 아이는 스스로 생각하고, 스스로 표현하는 아이가 되고 자신의 이야기를 들어주고 반응해주는 엄마로 인해 더 신이 나서 책을 읽게 될 것이다.

엄마들이 이제부터 육하원칙에 따라 질문을 해야겠다고 다짐하고 아이에게 질문했을 때, 기대만큼 아이들이 질문에 답해주지 않을 수 있다. 질문을 많이 받아보지 못한 아이들은 처음에는 당황한다. 생각하기 싫어하고, 어색하기도 하다. 그리고 무슨 대답을 어떻게 해야 할지 몰라 흔히 “몰라요”라고 하며 질문을 피한다. 처음부터 아이가 대답을 잘하리라는 기대를 버리고, 육하원칙의 ‘누가’, ‘언제’, ‘어디에서’, ‘무엇을’, ‘어떻게’, ‘왜?’라는 질문의 기본을 잘 생각하고 있다가 꾸준히 질문해보자. 그러면 어느 순간, 아이는 어색함 없이 자신의 생각을 표현할 것이고, 더 많은 생각을 하는 아이가 될 것이다. 독서는 생각의 과정이다. 질문은 아이를 생각하게 하는 힘이 있다. 몇 번 질문했는데 아이가 “몰라요”라고 했다거나 침묵했다고 해서 포기하고 물러나면 안 된다. 처음부터 잘하는 부모도 없고, 처음부터 잘하는 아이도 없다. 끊임없이 반복하고, 기다려줘야 한다.

처음에는 어색하고, 낯설게 주고받은 질문이 아이와의 즐거운 소통으로 이어질 것이라고 믿는다. 엄마와 책을 통해 즐거운 소통을 한 아이는 책 읽는 시간이 더없이 행복하고 즐거운 일이 될 것이다. 그러기 위해서는 무엇보다 엄마의 노력이 절대적으로 필요하다. 준비되어 있는 아이는 없다. 다만 준비되어 있는 엄마가 있을 뿐이다. 책을 잘 읽는 아이로 키우고 싶은 엄마들이 바로 준비되어 있는 엄마일 것이다. 책을 잘 읽는 아이로 키우기 위해 엄마의 역할은 상당히 크다. 아니, 95% 이상은 엄마의 노력이라고 생각된다. 아이가 책 읽는 습관이 잡히는 것은 그리 오래 걸리지 않는다. 한두 번 시도하다가 '우리 아이는 안 돼!'라며 절대 포기하지 말자. 습관을 들이기까지는 절대 만만하고 쉽지 않다. 그러나 한 번 잡힌 독서 습관은 평생 유지된다. 아이의 평생을 위해서 지금 조금의 수고스러움을 기꺼이 감당하는 엄마가 되기를 결심해보면 어떨까?

배드민턴 라켓으로 셔틀콕을 '톡' 쳐서 아이에게 주듯이 육하원칙 중 하나의 질문을 '톡' 하고 던져주면 된다. 아주 가볍고 쉽게, 마치 아이와 배드민턴을 하듯이 질문을 던져주고, 받는 놀이를 해보자. 아이에게 있어서 엄마와 책 읽는 시간이 가장 기억에 남고, 행복한 시간이 될 것이다.

04

아이와
책 읽는 시간을 즐겨라

"아이와 같이 무엇을 할 때 가장 즐거우세요?"
"아이는 엄마와 무엇을 할 때 가장 즐거울까요?"

물론 이 질문에 "책 읽을 때요!"라는 대답을 기대하고 던진 질문은 절대 아니다. 간혹 나처럼 책을 좋아하는 엄마들도 있겠지만, 대부분의 엄마들이 아이들과 즐거운 시간을 보낸다고 하면, 다른 활동들일 것이다. 아이가 좋아하는 장소, 아이가 좋아하는 음식, 놀이 등을 하며 아이 위주의 활동을 할 것이다. 그리고 책을 함께 읽는 시간은 즐거운 일이 아니고, 의무감과 책임감에 어쩔 수 없이 하는 엄마들이 많을 것이다.

실제 아이에게 책 읽어주는 일이 너무 힘들다고 말하는 엄마들도 많이 있다. 책을 읽어주면 아이가 계속 읽어달라고 하니까 솔직히 귀찮고 힘들다고 한다. 또 읽은 책만 계속 읽자고 하는 아이 때문에 힘들어하는 엄마도 있다. 그러니 엄마들이 아이와 책 읽는 시간이 즐겁고 반가운 일은 아닐 것이다.

그런데 중요한 사실이 있다. 아이는 저절로 책을 잘 읽게 되지 않는다. 물론 어린아이일 때는 집에 있는 알록달록한 동화책과 놀이책을 들고 다니며 책을 잘 읽는다. 그런 모습을 보며 엄마들은 모두 같은 생각을 한다.

"어머 저 애, 이다음에 커서 영재 되는 거 아냐?"

"어머 나를 닮지 않아 다행이야. 책을 좋아할 건가 봐."

아이 키우는 엄마라면 누구나 한 번쯤 이런 생각을 가져보지 않았을까? 그러나 아이는 초등학교에 들어가면서부터 책과 차츰 멀어지게 된다. 아니 그때부터 책 읽는 시간이 아이의 일과 중에 자리 잡지 못한다. 우리나라 초등학교 학생들은 어른보다 바쁘다. 학교가 끝나면, 피아노, 태권도, 미술, 영어, 수학, 논술, 학습지 등에 시간을 모두 뺏겨버리고 정작 책을 읽을 시간이 없다. 엄마들도 머리로는 책을 읽혀야 한다는 사실을 알지만, 다른 일정들을 우선순위에 놓는다. 그렇게 일 년, 아니 몇 개월 동안 책과 담을 쌓고 지낸다. 그러다 아이에게 어느 날 갑자기 초등학생이 되었으니 이 정도는 읽어야 한다면서 글자가 많은 책을 준다. 아이는 자기의 수준보다 높은 책을 앞에 두고 머뭇거린다. 용기 있는 아이는 엄마에게 읽어달라고 조르기도 한다. 그러면 엄마가 마지못해 읽어주니 그나마 다행이다. 그렇지 못한 아이는 자기도 읽기 싫고 엄마도 읽어주지 않으니 책을 밀어낸다. 엄마는 아이가 책을 읽지 않는다고 아이 탓만 한다. 둘의 사이에 책은 큰 담이 되어버린다.

    책을 잘 읽는 아이는 엄마가 만드는 것이다. 피아노를 배우고, 태권도를 배우고, 그림을 잘 그리는 법을 배우듯이 책을 읽는 것도 배워야 아이가 잘할 수 있다. 많은 엄마들이 집에 고액의 전집을 사다놓으면 아이가 저절로 책을 잘 읽게 되는 줄 안다. 수학과 과학 관련 도서들을 책장에 꽂아둔다고 아이가 저절로 책을 잘 읽게 되는 것은 아니다. 다른 과목이나 예능처럼 책을 읽는 것도 배우는 것이다. 가장 가치 있고, 아이의 평생을 좌우하는 독서 습관을 돈 안 들이고도 가르칠 수 있는데 많은 엄마들은 자신이 하지도 않고 아이를 가르치지도 않는다. 아이가 저절로 '책 잘 읽는 아이'와 '책과는 거리가 먼 아이'로 나뉜다고 생각하는 것 같다. 그러면서 아이에게 독서 습관을 들이는 일을 너무 일찍 포기해버리는 것 같다.

    글을 읽고 이해하는 일은 아이의 평생을 좌우한다고 해도 과언이 아니다. 우리는 말을 하고 살아야 한다. 또 우리는 얼마나 많은 글을 쓰고 듣고 해야 하는가. 읽고, 말하고, 쓰고, 듣는 일은 사람으로 태어난 이상 평생 해야 하는 아주 중요한 일이다. 그런데도 한글을 떼어 읽고, 쓰는 일에 문제없고, 말하고, 듣는 데 큰 문제가 없으니 다 되었다고 생각하는 엄마들이 참 많은 것 같다.

    아주 단순하고 기본적인 읽기, 듣기, 말하기, 쓰기를 한 아이는 성인이 되어서도 단순하고 기본적인 일을 맡게 될 것이다. 그러나 한 차원 높은 수준의 읽기와 말하기와 쓰기와 듣기가 된 아이는 성인이 되어 고차원적이고, 수준 높은 직업을 가질 확률이 높다. 그에 따른 보수도 분명 차이가 날 것이고, 능력 있는 아이는 어느 회사나 누구에게도 종속되지 않는다. 자신의 위치와 자신이 일하고 싶은 곳을 선택할 수 있는 그야말로 자신이 선택하는 인생을 살게 될 것이다. 엄마들은 아이에게 책을 읽히는 것, 독서 습관을 갖게 해주는 일을 간단하게 여기거나 무시하지 않아야 한다.

짐 트렐리즈의 《하루 15분 책 읽어주기의 힘》에서는 읽기야말로 사회적 성공을 이루는 데 가장 중요한 요인이라고 주장하는데, 그를 뒷받침하는 공식들을 정리해놓았다. 이 공식들은 상당 부분 연구로 입증되어 있고, '100%는 아닐지라도 진실에 가깝다'라고 한다.

- 많이 읽으면, 더 많이 알게 된다.
- 많이 알면, 더 똑똑하게 자란다.
- 똑똑하게 자랄수록 학력도 높아진다.
- 학력이 높을수록 학위를 더 많이 취득하고, 자신이 직업이나 직장, 사업을 선택할 수 있다(변형). 따라서 평생 동안 더 많은 돈을 번다.
- 자신의 학력과 지식 수준이 높을수록 자녀의 성적도 높아지고, 품위 있고, 건강하게 더 오래 산다.

나는 이 공식에 많은 부분 동의한다. 한 가지 더 추가한다면 많이 읽고 더 똑똑할수록 AI 시대 인공지능을 능가하는 사람이 될 수 있다는 것이다.

나는 지금까지 책 잘 읽는 아이로 만드는 엄마의 독서코칭 기술 네 번째를 말하기 위해 앞의 이야기를 해왔다. 네 번째 기술은 바로 아이와 책 읽는 시간을 즐기라는 것이다. 독서는 가르쳐야 하는 습관 중 가장 중요한 습관이고, 아이의 평생을 좌우하며, 아이의 인생과 진로를 결정짓는 중요한 일이다. 단지 엄마가 힘들어서, 엄마가 책 읽는 것을 좋아하지 않아서 아이를 그대로 둔다면, 이제 AI 시대에서는 아이의 위치가 어디에 있을지 상상하고 싶지도 않다.

나에게 독서 교육을 위해 아이를 보내주신 부모님들을 존경한다. 그분들은 앞을 내다보고, 아이의 인생에서 무엇이 중요한지 아는 분들이다. 나는 예비 초등학생부터 중고등학생까지 독서 수업을 하는데, 아이들이 달라지는 모습은 하루하루가 다르다. 특히 어린아이일수록 달라지는 폭이 크고, 변화가 한눈에 드러난다. 나는 아이들이 책을 읽고 있는 모습을 보면 행복하고 뿌듯하다. 이 아이들이 앞으로 자라서 위대한 일을 하고, 자신과 세상에 이로운 일을 해낼 위인들이 될 것이라 믿는다. 물론 책을 통해 인성이 길러진 아이들은 부모에게 효도하고 어른을 공경하며, 자기보다 어려운 이웃과 나라를 돕는 선한 마음을 갖게 된다. 책으로 다져진 인성은 고귀하고 아름답다. 주변을 둘러보라. 책을 많이 읽은 사람과 그렇지 않은 사람은 말투부터 차이가 난다.

앞에서 말했지만 독서 교육은 꼭 돈을 들이지 않고도 엄마가 충분히 할 수 있다. 아직 독서 교육에 대한 중요성을 잘 모르겠는가? 또는 알지만 못하겠는가? 이 책에 소개된 코칭 방법들을 편안하고 자연스럽게 따라 해보면 좋겠다. 혹시 독서 지도에 관해 관심이 있거나 어려움이 있을 때는 언제든지 상담할 수 있도록 문을 열어놓겠다.

나는 '피할 수 없으면 즐겨라'라는 오래전 노래 가사를 좋아한다. 이제 엄마들에게 주어진 '우리 아이 책 잘 읽는 아이'로 만들기 미션을 즐기면서 해보자. 엄마의 현재 노력이 아이의 미래를 좌우한다. 내 아이의 위치와 직업을 만드는 데 책 읽히기는 매우 중요하다. 아이의 최고가 된 미래의 모습을 그리며, 오늘부터 아이와 함께 책 읽는 시간을 즐겨보자.

05

아이가 책 속 등장인물과
함께 놀게 하라

어렸을 때, 문방구에서 종이인형을 사다가 인형도 오리고 옷과 신발, 가방도 오려서 가지고 놀았던 때가 기억난다. 동생과 나이 차이가 있어서 나는 어린 시절 거의 혼자 놀았다. 친구도 없었다. 그저 집 안에서 혼자 인형을 가지고 놀거나 글씨를 베껴 쓰고 노는 것이 유일한 낙이었다. 예쁘고 날씬한 인형에게 드레스도 입히고, 멋진 슈트와 바지도 입히고, 짧은 미니스커트를 입히면서 대리만족을 느꼈던 것 같다. 거기에 어울리는 가방과 신발을 신기면 그 인형이 얼마나 예뻤는지, 지금도 그때 그 기분이 느껴져 행복한 웃음이 난다.

또 내가 어릴 때는 마론인형이라고 했는데, 지금은 바비인형이라고 하는 인형을 가지고 놀았다. 그 인형은 금발 머리다. 종이인형과는 다르게 마론인형은 입체감이 있다. 가슴도 봉긋 나오고, 허리는 잘록, 그야말로 미스코리아 같은 팔등신 미인이다. 그 인형에게 화려하고 예쁜 드레스와 보석이 박힌 뾰족구두를 신기고, 반짝반짝 빛나는 핸드백을 팔에 끼우면 얼마나 예쁜지 모른다. 아마 내가 되고 싶었던 모습이었던 것 같다.

나는 인형을 가지고 놀면서 종이인형에게는 종이로 만든 옷과 그 인형이 잠잘 수 있는 침대와 이불을 만들어주었다. 마론인형에게는 안 쓰는 천을 오리고 엉성하게 꿰매서 내가 디자인한 옷을 손수 만들어 입혔다. 그러면서 '나는 이다음에 패션디자이너가 되어야지!' 하고 패션디자이너가 되겠다는 꿈을 꾼 적도 있다. 그 후, 꿈도 여러 번 바뀌고, 직업도 여러 번 바뀌어 현재는 작가, 학원원장이자 독서 교사, 독서 교육 관련 상담, 컨설팅, 강연가가 되었다.

어렸을 때 아이들이 하는 놀이를 보면, 아이가 관심 있어 하는 것이 무엇인지, 아이가 잘하는 것이 무엇인지 엿볼 수 있다. 요새는 아이들이 스마트폰이나 영상물을 보기 때문에 어느 한 가지 놀이에 몰두해 노는 일이 드물기는 하지만, 아이의 놀이를 잘 관찰해보면 아이만의 장점과 개성을 발견할 수 있다. 나는 아마 인형 놀이를 하면서, 관계, 소통, 공감 능력을 키우지 않았나 하는 생각이 든다. 나의 직장생활과 사업, 그리고 자녀 양육, 지금 학원을 운영하면서도 소통과 공감 능력이 큰 장점으로 작용한다.

책을 즐겨 읽는 아이로 만드는 엄마의 독서코칭 기술 다섯 번째는 책 속의 등장인물을 책 속에서 꺼내와 아이와 함께 놀게 하는 것이다. 나이가 어릴수록 책 읽는 일이 재미있어야 한다. '무엇을 할 때 가장

AI 시대 초등 공부, 책 읽기가 전부다

재미있나?' 생각해보면 나와 놀아주는 대상이 있을 때 우리는 외롭지 않고, 즐겁고 행복하다. 또 그 대상과 이야기를 주고받으면 더욱 재미있다. 요즘 전 세대에 걸쳐 SNS에 열광하고 있다. 페이스북, 인스타그램, 브이로그, 블로그, 유튜브까지 나이가 적든 많은 남녀노소 가리지 않고 대부분의 사람들이 SNS를 한다. 관심사가 맞는 사람들끼리 모여 소통하고 정보를 나누고 있다. 기본적으로 사람들은 혼자 있는 것을 외로워한다. 함께하고 싶고, 나누고 싶고, 인정받고 싶고, 한편으로는 자랑하고 싶은 마음을 가지고 있다. 그 이유로 전 세계 지구인이 온라인 SNS로 활발하게 소통하고 있다.

아이에게도 책을 읽거나, 부모가 책을 읽어줄 때 이와 같은 소통의 즐거움을 느끼게 해주는 것이다. 책 속의 주인공은 옛날 사람일 수도 있고, 현대인일 수도 있다. 우리나라 사람일 수도 있고, 세계의 다른 나라 사람일 수도 있다. 아이와 나이가 같을 수도 있고, 나이가 다를 수도 있다. 책 속의 등장인물이 경험한 삶과 아이의 삶이 같을 수도 있고, 다를 수도 있다. 생각이 같을 수도 있고 다를 수도 있다. SNS에서 소통하듯 우리 아이들도 책 속의 등장인물들과 소통하는 재미를 느낀다면 책 읽는 일이 친구를 만나듯, 여행을 가듯 신나고 즐거운 일이 될 것이다.

안타깝게도 많은 어른들이 아이들에게 책을 읽는 즐거움을 가르쳐주지 못했다. 아니 오히려 책 읽는 것을 공부로 가르쳐서 아이들은 마치 책을 읽는 것은 또 다른 공부를 하는 것으로 생각한다. 독서는 공부가 아니다. 보통 가정에서 아이들에게 책을 읽으라고 할 때는 말투부터 바뀌어야 한다.

"책 좀 읽어라."

"넌 어쩜, 책은 한 권도 안 읽니?"

"꼭 읽으라고 해야 읽니? 네가 좀 알아서 읽으면 안 되니?"

"오늘 몇 권 읽었어! 어디 잘 읽었는지 말해봐."

"집에 저렇게 책을 쌓아두고 읽을 책이 없다니, 저 책 다 읽어야 새로 사줄 거야!"

이렇게 되면 아이는 책을 읽고 싶은 의욕이 전혀 안 생긴다. 우리의 목적은 아이가 책을 잘 읽는 아이가 되는 것이다. 이것을 꼭 기억하자. 책을 읽고 싶게 만드는 말투로 바꿔보자.

"이 책에 나오는 주인공은 너와 동갑이래. 이 아이에게 무슨 일이 생겼는지 엄마와 함께 읽어볼까?"

"옛날 아이들은 어디에서 공부했을까? 궁금하지 않니? 엄마와 함께 보자."

"오늘 읽은 책에서 너와 비슷한 나이의 아이가 있었니? 책 속의 그 아이는 어떤 아이야?"

"책을 읽으면서, 어떤 등장인물이 마음에 드는지 찾아보자."

"책 속의 대화 장면을 엄마와 함께 역할극으로 해보자. 어때, 재미있겠지?"

책 읽기를 싫어하는 아이들 대부분은 책 읽는 것이 공부라고 생각한다. '책 읽어야지' 하면 아이는 '공부해야지'라고 들리는 것이다. 그래서 아이들이 책 읽기는 지겹고 재미없는 일이라고 말한다. 엄마부터 책을 읽는 일이 즐겁고 아이에게 유익함을 주는 일이라는 것을 깨달아야 한다. 아이에게 과제를 내주듯 책을 읽으라고 하면 아이는 점점 더 책 읽는 일을 싫어하게 될 것이다.

지금부터 생각을 바꾸자. 책은 아이와 엄마가 함께 읽는 것이다. 아이의 독서 습관이 완전히 자리 잡기까지는 말이다. 아이가 1, 2학년이면 3학년까지는 꾸준히 아이와 함께 책을 읽는다고 생각하면 좋을 것 같다. 4학년 이상 된 아이들이 아직 독서 습관이 잡히지 않았다면, 아이의 독서 수준은 아직 1, 2학년이라고 생각하자. 최소 5개월, 길면 10개월 정도 어린아이 대하듯 잠자기 전, 아이에게 책을 읽어주며, 책 속의 주인공과 마음껏 이야기하고, 마음을 나눌 수 있도록 소통의 장을 책을 통해 만들어주자.

초등학교 고학년이라고 해봐야 아이의 마음과 정신은 아직 미성숙하다. 독서 습관이 아직 만들어지지 않은 아이에게 혼자 책을 읽으라고 하는 것은 아무하고도 소통할 수 없는 무인도에서 혼자 공부하라는 말과 같은 것이다. 얼마나 적막하고 외롭겠는가. 아이에게 책을 읽는 일은 쉬운 일이 아니다. 또한, 엄마들도 아이에게 책을 읽어주는 일이 쉬운 일이 아닌 것을 잘 안다. 나도 이미 많은 경험을 해보았다. 하지만 우리 아이가 다양한 배경 지식을 쌓을 수 있는 것은 책 읽기를 통해서다. 모든 학습의 기본이며, 성인이 된 후에도 필요한 읽기, 말하기, 듣기, 쓰기를 잘 갖춘 사람으로 자라도록 하는 매우 중요한 일이다. 논리적인 사고와 자기표현을 하며, 창의적 상상력과 공감 능력

등 미래 시대에 필요한 많은 능력을 기를 수 있도록 돕는 것 역시 꾸준한 책 읽기다. 지금의 부모 세대까지는 그럭저럭 조금만 노력하고 성실하면 살 수 있었다. 공부만 잘해도 먹고살 수 있었다. 하지만 이제는 공부를 잘하는 것이 해법이 아니다. 미래가 요구하는 인재로 자라야 한다. 어려서 들여진 책 읽는 습관은 우리 아이가 살아가는 데 꼭 필요한 밑거름이 되어줄 것이다.

그러기 위해서는 아이에게 책 읽기가 절대 공부처럼 느껴져서는 안 된다. 책을 읽는 것은 엄마와의 따뜻한 소통이고, 나아가 다양한 책 속의 등장인물들과의 소통이기도 하다. 책 속 등장인물 하나하나를 우리 아이가 만나고 즐거운 소통을 할 수 있도록 엄마는 다리 역할을 해주면 된다. 등장인물과 소통하며 즐겁게 시간을 함께 보낸 아이는 또 다른 책 속의 등장인물을 만나러 가고 싶은 마음이 들것이다. 책 속의 등장인물을 아이와 함께 놀게 해주자.

06

단 10분이라도 좋으니
매일 책을 읽어줘라

2002년에 크리스토퍼 윌리엄스는 40만 명의 학생들과 함께 ACT(미국 대학수학능력 시험의 하나)를 치렀다. 이 시험에서 크리스토퍼를 포함한 58명이 전 과목 만점을 받았다. 소도시인 켄터키 러셀 출신의 한 아이가 만점을 받자, 이 아이가 어디에서 공부했는지, 어떤 고액 과외를 받았는지 질문이 쏟아졌는데, 그의 부모 윌리엄스 부부는 크리스토퍼와 동생에게 유아기부터 사춘기까지 돈 한 푼 안 들이고, 매일 밤 30분씩 책을 읽어준 것이 전부였다고 한다. 그 부모는 아이들이 혼자 글을 읽게 된 후에도 계속해서 책을 읽어주었고, 윌리엄스 가족의 집에는 그 흔한 TV도 없이, 다양한 책으로 가득 차 있어 아이들은 손쉽게 읽기를 배웠고, 책 읽는 일을 사랑했다. 윌리엄스의 부모는 책 읽어주기를 통해 아이들이 학교에서 마주하게 될 모든 것을 준비하도록 했다고 한다.

《하루 15분 책 읽어주기의 힘》에 소개된 윌리엄스의 이야기다. 또한 이 책에서는 책 읽어주기가 부모의 몫인가, 학교의 몫인가에 대한 논란을 간단한 계산을 통해 잘 정리해주었다. 아이들은 1년에 900시간을 학교에서 보내고, 7,800시간을 학교 밖이나 집에서 보낸다. 그렇다면 누가 더 아이에게 영향을 크게 미칠까? 더군다나 요즘은 코로나19 확산으로 인해 아이들이 가정에 머물러 있는 시간이 대부분이다. 그러니 아이의 책 읽어주기는 전적으로 부모의 몫이 되었다. 하지만 부모들은 이런저런 이유로 아이에게 책 읽어주는 일을 소홀히 한다. 아이의 독서 습관이 잡힐 때까지 하루 10분, 15분 많게는 30분만 매일 투자한다면 아이는 놀라울 정도로 많은 능력을 키우게 될 것이다.

세계적인 석학, 작가, 과학자, 사업가 등 성공한 사람들의 어린 시절 이야기를 들어보면 모두가 하나같이 공통된 말을 한다. 그들은 책을 탐닉했고, 그들의 부모는 아이가 스스로 책을 읽을 수 있을 정도로 성장했어도 책을 꾸준히 읽어주었다고 한다. 우리나라의 수능 만점자들과의 인터뷰나 어려운 시험을 단번에 합격한 사람들을 만나 이야기를 들어보면 하나같이 책을 많이 읽었다고 말한다. 어느 누구 하나, 유명학원에 다녔다거나 고액 과외를 받았다고 말하는 사람은 없다. 집안이 책 읽는 분위기였으며, 부모로부터 책 읽는 습관을 물려받았다고 한다. 부모의 사랑과 애정이 담긴 목소리로 부모가 읽어주는 동화를 들으며 잠들었던 어린 시절을 회상하며 그것이 도움이 되었다고 말한다.

AI 시대 초등 공부, 책 읽기가 전부다

교육계와 다양한 매체에서 독서의 중요성을 그렇게 강조하고 있지만, 아직 우리나라 독서인구가 많지 않은 것은 심각한 일이다. 선진국일수록 독서인구율이 높다. 후진국일수록 당연히 독서인구율이 낮다. 성공하고 경제적 수준이 높은 사람들은 독서를 중요시 여긴다. 그렇지 못한 사람들은 1년에 책 한 권도 읽지 않는다. 어렸을 때의 독서 습관이 아이의 인생을 좌우한다는 이야기다. 비록 어릴 때 읽는 동화책 한두 권은 아이의 인생을 크게 좌우하지 못하지만, 책을 즐겨 읽는 습관이 몸에 밴 아이는 성장하는 동안 수많은 책을 읽게 될 것이고, 모든 능력이 잘 갖춰진 아이는 그렇지 못한 이들보다 자유롭고 여유로운 삶을 살게 된다. 여기서 자유란 경제적 자유, 시간적 자유, 누구에게 종속되지 않고 자기의 직업과 위치를 선택할 수 있는 자유를 말한다. 자신이 선택하는 인생을 사는 것이다. 더불어 육체도 정신도 여유롭다. 여유는 행복이다.

그러나 많은 부모들은 어떤가? 책을 읽어주는 것도 잘 안 하지만, 읽히려는 노력도 많이 하지 않는다. 물론 부모들도 책을 많이 읽지 않는다. 이제는 공부만 잘해서 되는 시대는 지났다. 미래학자들의 예측에 따르면 학력, 국적도 중요하지 않고, 대학 졸업장도 중요하지 않은 시대가 올 것이라고 한다. 그러면 무엇을 준비해야 하는가? 기계가 할 수 없는 일, 인공지능 AI에게는 없는 능력을 키워줘야 한다. 오로지 인간에게만 있는 능력 말이다. 공감 능력, 창조적 상상력, 창의력, 비판적 사고력, 변화 적응력, 회복 탄력성, 문제해결 능력, 인성이 그것이다. 계속 강조하지만, 사람이 가질 수 있는 능력은 책을 통해 생각하고 깨닫고 변화되는 과정을 통해 가능하다. 책만이 그러한 자극을 줄 수 있고 통찰할 수 있는 계기를 주기 때문에 엄마들은 다른 교육을 미뤄놓더라도 먼저 책을 잘 읽는 아이로 만드는 일에 모든 시간과 관심을 쏟아야 한다.

　책 잘 읽는 아이로 만드는 엄마의 독서코칭 기술 여섯 번째는 하루에 단 10분이라도 좋으니 엄마가 아이에게 매일 책을 읽어주는 것이다. 아이가 글자를 스스로 읽지 못하든 잘 읽든 이제 다 커서 초등학교 고학년 혹은 중학생이 되었든 아직 책을 즐겨 읽는 아이가 아니라면 엄마가 책을 읽어주어야 한다. 간혹 누가 시키지 않아도 책을 잘 읽는 아이가 있을 수 있다. 특별한 아이거나 태어나기 전부터 아이가 자라는 환경이 책을 읽는 집안 분위기라면 그럴 수 있다. 하지만 거의 대부분의 아이들은 스스로 먼저 책을 읽지 않는다. 눈으로 읽고 소리 내어 읽더라도 책의 의미나 어휘, 내용 이해가 되지 않았을 수 있다.

　그렇다면 엄마가 책을 읽어주면 좋은 이유는 무엇일까? 엄마가 읽어주면 책의 내용이 훨씬 이해가 잘된다. 아이들의 발달상 듣기와 읽기 수준 중, 듣기가 먼저 발달한다. 아이들은 글을 읽어서가 아니라, 엄마, 아빠의 말소리를 듣고 따라 하다가 말을 하게 된다. 아이들은 소리를 통해 더 잘 이해하기 때문이다. 책도 마찬가지다. 아이가 책 한 권을 무리 없이 읽을 정도로 어휘 능력이 생길 때까지는 어른이 읽어줘야 한다. 엄마가 책을 읽어주면 아이가 혼자 책을 읽을 때보다 생생하다. 어휘도 더 잘 이해하게 되고, 기억도 잘 된다. 눈으로 읽을 때는 모르는 단어라도 엄마의 목소리를 통해 이야기로 들려오면 아이는 앞뒤 맥락에 맞게 그 단어의 뜻을 유추해낸다. 그러면서 아이의 어휘력은 놀랍게 늘어난다. 엄마 목소리의 높낮이, 소리의 강약에 따라 아이의 모든 감각이 자극을 받는다. 아이가 혼자 이해 안 되는 책을 끙끙거리고 읽도록 내버려두지 말고, 아주 짧은 시간 투자해서 엄마가 아이에게 책을 읽어준다면 아이는 빠른 시간에 독서 습관이 잡힐 것이다.

이렇게 말하는 나도 두 아이 모두 책 읽어주기를 빨리 그만둔 편이다. 태교 때부터 예닐곱 살까지 잘 읽어줬지만, 아이들이 초등학교에 들어가면서 이제는 스스로 읽을 수 있겠다는 생각에 책을 읽어주지 않았다. 그러다 둘째 아이 2학년 때 영어 선생님께서 책을 많이 읽어야 할 것 같다는 조언을 해주셔서 그때 다시 아이에게 책을 읽어주기 시작했다. 그 후로 일 년 정도 책을 읽어주고, 함께 읽기를 한 덕분에 아이는 지금 독서 습관이 잘 잡혔다. 자기 수준보다 어려운 책들도 잘 이해하고 잘 읽는 편이며, 하루에 두 번 책 읽기로 정해진 시간에는 스스로 알아서 독서를 한다. 읽으라고 하지 않아도 알아서 읽게 된 것이다.

아이에게 책 읽어주는 것을 일로 여기지 말았으면 좋겠다. 아이의 미래를 위한 최소한의 투자라고 생각하자. 그리고 우리 아이의 모든 기초를 마련해주는 것이 책 읽어주는 것이라고 생각하자. 아이의 독서 습관이 자리 잡기까지는 오래 걸리지 않는다. 엄마가 집중해서 6개월 많게는 1년 정도 꾸준히 매일 책을 읽어주면, 분명 아이는 엄마가 원하는 책 잘 읽는 아이가 되어 있을 것이다.

책을 함께 읽으면 행복한 일이 많아진다. 자기를 위해 기꺼이 책을 읽어준 엄마에게 아이는 존경과 신뢰의 마음을 담게 된다. 엄마도 아이를 향한 관심과 사랑이 더욱 깊어진다. 생각해보라. 부모와 자녀간의 소통이 점점 사라지는 지금, 우리는 함께 책을 읽으며 소통하고 행복한 시간을 갖게 되는 것이다. 이런 사랑을 받고 자란 아이는 부모에 대한 고마움을 절대 잊지 않을 것이고, 자신의 삶으로 부모의 마음을 기쁘게 해줄 것이다. 바쁘다. 할 일도 많다. 그렇지만, 자녀와 책 읽는 시간을 꼭 만들자! 다른 어떤 일보다 중요한 일이다. 하루 단 10분만이라도 아이와 매일 책을 읽자!

급하게 서두르지 말고
슬로우 리딩하라

슬로우 리딩의 반대는 속독이다. 한때 속독이 유행처럼 번지던 때가 있었다. 큰아이 초등학교 1학년 때니까 2002년도의 일이다. 그전부터 속독학원이 있었는지 모르겠지만, 딸이 1학년 2학기 때, 집 앞에 새로 생긴 속독학원을 보낸 적이 있다. 학원명은 정확히 기억나지 않지만, 창의력이 붙은 독서학원이었다. 그 당시에는 내가 교육계에 있지 않았고, 다른 일을 하고 있었다. 아이의 교육에 관심이 많았던 나는 아이를 독서와 글쓰기 관련 학원에 가장 먼저 보냈다. 그때도 독서와 글쓰기가 가장 중요하다고 생각했기 때문이다. 글쓰기학원은 그당시 시인이 직접 운영하는 학원에 보냈다. 그래서인지 아이는 초등학교 내내 줄곧 글쓰기 상을 받았다.

그리고 독서는 위에 말한 집 앞에 있는 창의력○○학원을 보냈는데, 그곳에서는 아이에게 속독훈련을 시켰다. 책을 읽는 시간보다 속독훈련을 하는 시간이 더 길었다. 여러 종류의 교재들을 가지고 속독 훈련을 시켰던 것 같다. 학원에 대한 큰 불만 없이 잘 다녔는데, 반년도 안 되어 학원이 문을 닫아 우리 아이도 그 학원을 그만두게 되었다.

지금 생각해보면 학원생이 많지 않아 학원 유지가 어려워 문을 닫게 된 것 아닌가 싶다. 그 당시 학원비치고는 좀 비싼 편이었다. 그 학원을 그만둔 이후에는 따로 독서나 글쓰기 관련 학원은 보내지 않았고, 엄마표 독서 교육을 꾸준히 했다. 그렇게 자란 딸은 지금 나와 함께 학원을 운영하며 초중등 수학과 초등 전 과목을 가르치는 교사이자 부원장이 되었다. 그렇게 한때 잠시 속독이나 속기가 붐이었고, 이제는 속독학원을 찾아보기 어렵다. 단, 유일하게 한 협회만 장기간 꾸준히 유지해오고 있는 것 같다.

속독에 대한 의견은 분분하다. 속독이 해악이라는 독서전문가들이 더 많은 편이다. 하지만 나는 속독에 대해서 나쁘게 생각하지 않는다. 바쁜 세상에 빨리 읽을 수 있으면 좋으니까 말이다. 나는 책에 대한 욕심이 많아서 나의 책 읽기 속도에 항상 불만이 많은 편이다. 내가 속독을 배웠어야 했나? 하는 생각도 가끔 하니까 말이다. 속독을 배웠던 딸아이도 어렸을 때 잠깐 배운 속독이 자기에게 여러모로 쓸모 있다고 말한다. 그렇지만 속독의 맛을 너무 일찌감치 알아버리면 독서의 진정한 효과를 보지 못하는 것은 사실이다. 속독은 자칫 나쁜 독서 습관이 될 수 있고, 질이 낮은 독서를 하는 꼴이 된다.

AI 시대 초등 공부, 책 읽기가 전부다

독서의 진정한 효과와 질 높은 독서 습관을 길러주기 위해서는 슬로우 리딩을 권한다. 슬로우 리딩이란 단지 천천히 글자를 읽는 것만을 말하는 것이 아니다. 책의 한 챕터, 한 장, 또는 한 문단이어도 좋다. 짧은 구간을 읽고, 읽은 후에 읽은 내용을 사유하는 것을 말한다. 사유(思惟)는 생각 사, 생각할 유, 즉 책을 읽고 생각하고 또 생각하라는 것이다. 책은 생각의 도구다. 그 한 줄이 '왜' 그렇게 쓰였는지, 그 주인공은 '왜' 그런 말을 했는지 책을 읽는 동안 묻고 답하는 과정이 필요하다. 이런 과정을 통해 아이의 내면과 정신은 큰 성장을 이룬다. 그런데 책을 빨리 읽어버리면 내면과 정신의 성장은 아예 기대할 수 없다. 물론 안 읽는 것보다야 낫겠지만, 독서의 큰 장점인 성장, 깨달음, 공감, 사유의 힘을 경험하지 못하는 안타까운 일이 벌어지는 것이다.

보통 결과를 중요시하는 부모와 아이들이 책을 빨리 읽는 경향이 있다. 하루에 몇 권 읽었는지가 중요하다든가, 책을 몇 권 읽으면 아이가 원하는 것을 해주는 보상에 의한 독서를 한 아이들이 책을 빨리 읽는 편이다. 백이면 백 읽은 후에 무엇을 읽었는지 기억조차 하지 못한다. 조금 영악한 아이들은 대충 중요한 흐름만을 이야기한다. 이것은 책을 읽었다고 할 수 없고, 그냥 글자만 읽었다고 볼 수밖에 없다.

싱가포르 출신의 작가 리가오펑이 우리나라 강원도의 풍경을 배경으로 어린이들의 외로움, 슬픔, 즐거움 등 인간의 보편적인 감정을 동화로 잘 표현한 《너를 만난 날》을 아이와 함께 슬로우 리딩한다고 해보자. 책의 표지 그림을 충분히 보고 첫 장을 넘기면, 넓은 민들레 꽃밭에 덩그러니 모래시계가 놓여 있다. 노란색 모래가 들어 있는 모래시계 안에는 작은 꼬마 아이가 있다. 아이는 무언가 들어 있는 머그컵을 손에 든 채 하늘을 바라보는 듯한 시선을 하고, 다리를 쭉 편 채 앉아 이렇게 말한다.

"가끔씩 나는 정말 외로울 때가 있어. 그럴 때마다 생각해. 어떻게 하면 외롭지 않을까?"

빠른 속도로 읽는다면 몇 글자 되지 않는 아주 단순한 문장이다. 그렇지만 슬로우 리딩을 한다면, 작가는 왜 민들레꽃밭을 선택했는지, 민들레꽃이 피는 계절, 봄에 관한 이야기도 해볼 수 있다. 또 모래시계 안의 작은 꼬마에 관한 이야기도 나눌 수 있다. 꼬마의 표정, 꼬마의 시선, 꼬마가 들고 있는 머그컵, 머그컵 안의 내용물을 상상해보게 한다. 그리고 꼬마가 했던 말인 "어떻게 하면 외롭지 않을까?"라는 말로 아이와 이야기를 나눈다. 아이에게 외롭다는 것은 무엇인지, 언제 아이가 외롭다고 느꼈는지, 그때 어떻게 했는지 등 한 문장과 한 장의 그림을 가지고도 우리는 아이와 충분히 대화를 나누고, 상상을 하고, 주인공의 마음을 공감하며, 자신의 입장과 대조해볼 수 있다. 다음 장을 넘기면 모래시계 속의 꼬마가 밖으로 나와 산을 혼자 걸어 내려오는 장면이 나온다. 산의 배경색도 달라졌고, 보이는 풍경도 아까와는 다르다. 그 꼬마는 이렇게 말한다.

"일단 길을 나서 보기로 했어."

이 모래시계 속의 꼬마는 자신의 문제를 스스로 해결하고 있다. 그리고 혼자지만 용감하고 씩씩하게 자신의 외로움을 해결하기 위해 길을 나선다. 이 장면을 보면서 아이와 이런 이야기를 나눌 수 있다.

"너라면 어떤 문제가 닥쳤을 때 어떻게 했을까?"

"아무도 없는 산길에서 자신의 문제를 해결하기로 한 꼬마와 너는 어떤 점이 다를까?"

이런 질문을 통해 아이가 자신을 한번 돌아보는 계기가 되고, 생각하는 과정에서 깨달음을 얻으면 그것이 바로 성장으로 가는 과정인 것이다. 슬로우 리딩은 책을 읽는 독자에게 깊은 독서를 경험하게 하고, 언어 능력과 사고 능력을 엄청나게 끌어올린다는 것을 기억하자.

물론, 책 한 권 들려주고, 가서 읽고 오라고 하면 부모나 교사는 더없이 편하겠지만, 깊은 독서 즉, 슬로우 리딩이 체득되지 않은 아이들은 모두 빠르게 읽고 대략의 내용을 짐작하는 것으로 독서를 했다고 한다. 부모나 교사의 노력으로 아이가 깊이 있는 독서를 경험할 수 있도록 얼마간은 슬로우 리딩으로 아이와 함께 책을 읽어보자.

슬로우 리딩은 앞서 예처럼 깊이 있는 대화를 하며 읽는 것 외에도 책을 부분으로 나눠 읽는 것도 포함된다. 너무 과도한 양을 읽게 해서 오히려 독서의 즐거움을 빼앗고, 과제하듯 읽는 것보다 나을 수 있다. 책을 조금씩 읽게 하는 방법은 책을 싫어하는 아이도 책을 읽게 만든다. 읽어야 하는 독서량에 대한 부담이 없기 때문에 다음에 또 읽고 싶어진다. 슬로우 리딩은 이야기의 요소요소와 각각의 장면을 깊이 사색하게 하는 독서다. 책을 읽다가 멈춰서는 순간이 많은 독서다. 또한 슬로우 리딩은 많은 질문을 던지며 읽는 독서다.

모든 것이 빠르게 바뀌고, 빠르게 찾을 수 있고, 빠르게 먹을 수 있는 세상이다. 하지만 때로는 책만큼은 천천히 곱씹듯 읽는 슬로우 리딩으로 아이와 책을 읽는다면, 분명 그 아이는 생각이 깊은 아이, 여러 각도로 세상을 볼줄 아는 아이, 자신의 감정을 다스리는 아이, 자신의 문제를 볼 수 있고 해결할 수 있는 아이로 성장할 것이다.

책은 생각의 도구다. 책은 소통의 문이다. 슬로우 리딩은 생각과 소통을 동시에 만족시켜준다. 아이와 함께 오늘부터 슬로우 리딩으로 책 한 장, 아니 한 문단을 읽어보자! 처음에는 어떻게 해야 할지 막막할 수 있다. 그러면 한 문단만 읽고 책을 덮어라. 그리고 읽었던 문단을 계속 생각하라. 그것이 곧 사유의 과정이고, 생각의 끝에 뭔가 잡히는 것이 있을 것이다. 꾸준히 매일매일 반복하다보면 점점 더 질문과 생각이 많아지게 될 것이다. 그렇게 되면 풍성한 독서, 깊이 있는 독서로 나아가게 될 것이고, 아이도 더불어 성장하게 된다. 일단 책 읽는 것만큼은 급하게 서두르지 말자. 슬로우 리딩으로 우리 아이에게 독서의 즐거움을 경험하게 해주자. 즐거운 경험이 있어야 아이는 스스로 책을 읽게 된다.

방법을 잘 모르겠거나 슬로우 리딩에 관해 더 자세히 배우고 싶다면 메일로 상담을 요청하면 기꺼이 도움을 줄 수도 있다. 나는 현재 저학년의 경우 이 방법을 적용하며 책 읽기를 하고 있다. 아이들이 하

AI 시대 초등 공부, 책 읽기가 전부다

루하루 독서로 성장하는 모습은 말할 수 없이 뿌듯한 일이다. 이 뿌듯함을 이 책을 읽는 여러분과 함께 경험했으면 한다. 책 잘 읽는 아이로 만드는 엄마의 독서코칭 기술 일곱 번째는 바로 슬로우 리딩, 천천히 읽는 것이다.

절대 쓰기를
강요하지 마라

초등학생들이 방학 숙제로 가장 하기 싫은 숙제는 뭘까? 초등학교 선생님들이 방학 숙제로 빠뜨리지 않고 내주는 숙제는 뭘까? 그렇다. 바로 쓰기다. 참 모순된 일이다. 아이들은 쓰기 숙제를 싫어하고, 선생님들은 아이의 마음을 아는지 모르는지, 예나 지금이나 한결같이 쓰기 숙제를 내준다. 방학 숙제로 빠지지 않는 쓰기 숙제는 바로 일기쓰기와 독후감쓰기다. 몇십 년 전 내가 초등학교 다닐 적에도 독후감쓰기 숙제가 있었는지 기억이 잘 나지 않지만, 일기쓰기 숙제는 초등학교 내내 있었다. 일기쓰기와 독후감쓰기 숙제는 큰아이를 키울 때도, 둘째를 키우면서도, 지금 학원에서 가르치는 아이들의 방학 숙제에도 빠지지 않는다. 왜 그럴까? 그만큼 중요하고 아이들에게 기본이 되기 때문이다. 아이들에게 글쓰기가 중요하다고 생각하는 나는 일기쓰기와 독후감쓰기, 받아쓰기를 신경 써서 지도해주시는 학교 선생님

AI 시대 초등 공부, 책 읽기가 전부다

을 존경한다.

독서 수업을 해보면, 아이들이 글쓰기를 얼마나 싫어하는지 알 수 있다. 어떤 아이는 수업 전에 미리 "오늘 글쓰기 있어요?" 하고 물어본다. 이 아이는 글쓰기가 있다고 하면 그날 책을 기분 좋게 읽지 못한다. 그만큼 글쓰기는 아이에게 부담스러운 일이고 귀찮은 일이다.

특히 남자아이들은 몇 글자 더 쓰는 것에 굉장히 민감하다. 어떻게 하면 한 자라도 덜 쓸지 고민한다. 아이가 쓴 글을 수정하거나 첨삭하려고 하면, 아이는 자기가 몇 글자를 고치고 다시 써야 하는지 글자 수를 세고 있을 정도다. 이 정도면 얼마나 글쓰기를 싫어하는지 짐작이 갈 것이다.

엄마들도 아이의 글쓰기 숙제를 도와주는 것은 어려운 일이라고 한다. 아이와 일기쓰기를 하다가 화가 나고, 독후감쓰기를 도와주려다 아이 머리를 쥐어박을 일이 많기 때문이다. 모든 글쓰기는 어른, 아이 할 것 없이 어렵고, 부담되는 일인 것 같다.

책 잘 읽는 아이로 만드는 엄마의 독서코칭 기술 여덟 번째는 아이에게 글쓰기를 강요하지 않는 것이다. 먼저 우리의 목적은 아이가 책을 잘 읽는 아이가 되도록 하는 것임을 매 순간 잊어서는 안 된다. 그렇다면, 아이에게 꼭 글을 써야 한다는 압박감과 부담감을 주지 말자. 우선 책을 많이 읽히는 것이 중요하다. 지금까지 알려준 7가지의 코칭 기술을 적절하게 잘 적용해서 아이가 책을 즐겁게 잘 읽을 수 있을 때까지 기다려주자. 엄마와 함께 독서코칭이 시작된 지 한 달, 또는 두 달간은 책을 읽기만 해도 좋다. 내가 지도하는 방식도 그렇다. 첫 한 달, 혹은 두 달간은 그저 재미있게 책을 읽도록 한다. 책과 친해지고, 책 읽는 것에 대해 긍정적인 느낌과 책은 재미있다는 것을 느낄 때까지 글쓰기를 강요하지 않는다.

그리고 이제 아이가 책에 재미를 붙였다, 책과 친해졌다 싶으면 이때부터 서서히 글쓰기가 시작된다. 아이가 갓난아기일 때 젖을 떼고, 이유식 먹였을 때를 기억하자. 갈아서 먹이고, 조금 건더기 있는 음식에서, 그다음 밥을 먹였던 때를 기억하자. 글쓰기도 그렇게 서서히 조금씩 하면 아이가 거부하지 않고, 힘들어하지 않고 잘할 수 있게 된다. 글쓰기 또한 책 읽기만큼이나 중요한데 괜히 성급하게 밀어붙였다가 아예 글쓰기를 포기하는 아이가 될 수도 있다.

처음에는 한두 줄 정도만 써도 잘 썼다고 해주자. 읽은 책의 내용 중 기억나는 문장이나 기억나는 장면 한두 줄, 또는 읽은 책을 한두 줄로 요약하는 정도면 충분하다. 그리고 엄마의 독서코칭 기술 세 번째인 '질문하고 또 질문하라'에서 다뤘던 육하원칙에 따라 '누가', '언제', '어디에서', '무엇을', 어떻게, 왜?'로 질문을 던져주면 아이는 생각하고 글을 쓸 수 있게 된다. 글부터 쓰기 어려워하는 아이들이 있다면, 말로 먼저 해보게 하는 것이 좋다. 말글로 자연스럽게 쓰면 그것이 진짜 아이의 글이 되는 것이다. 이런 방식으로 서서히 조금씩 늘리면 된다. 그러면 어느새 아이의 글쓰기 실력이 자라게 될 것이다.

그리고 글쓰기와 논술은 다르다는 것을 알고 있으면 좋겠다. 요즘 국어논술, 수리논술, 역사논술 모든 과목에 논술을 붙이는 경향이 있

AI 시대 초등 공부, 책 읽기가 전부다

는데, 지금 말하는 글쓰기는 자기의 생각이나 사실, 느낌 등을 글로 써서 표현하는 것을 말한다. 논술만 배운 아이는 글쓰기를 어려워하지만 글을 잘 쓰는 아이는 논술 형식의 글도 잘 쓰게 되어 있다. 논술을 강조할 것이 아니라 글쓰기가 선행된 후 논술을 배우는 것이 좋다.

글쓰기를 처음부터 강요하면 안 되는 이유가 또 있다. 아직 아이가 다양한 책을 읽지 않았기 때문이다. 책 읽기가 입력이라면 글쓰기는 출력이라는 표현을 많이 쓰는데 적절한 표현인 것 같다. 입력한 양이 많아야지 출력도 된다는 뜻이다. 작가가 된 사람들의 이야기를 들어보면 최하 500권 정도는 읽어야 글을 쓸 재료를 얻는다고 한다. 어떤 분은 1,000권은 읽어야 자신의 글을 자유자재로 쓸 수 있다고 한다. 나도 이렇게 글을 쓰기 전까지 대략 1,000권은 읽었다. 고작 몇십 권 읽은 아이에게 엄마나 교사가 글쓰기를 재촉하니 덩달아 책을 읽고 싶은 마음까지 사라진다. 아이들도 최소한 50~100권 정도는 읽은 후에 글쓰기가 가능하다. 물론 중간중간 하는 짧은 글쓰기는 촉매제 역할을 한다. 아이가 책을 잘 읽고 즐기는 아이로 만들기 위해서는 처음부터 글쓰기를 강요하지 말자.

글쓰기와 책 읽기는 매우 중요하다. 엄마나 교사의 욕심과 안 좋은 기억과 경험 등으로 글쓰기와 책 읽기를 포기하는 일이 아이에게도 엄마에게도 없기를 간절히 바란다. 세계의 명문대학들은 글쓰기가 필수 교육과정에 포함되어 있다. 세계적인 명문대학 하버드, 옥스퍼드, MIT, 스탠퍼드, 케임브리지, 실리콘밸리의 학교 중 글쓰기를 소홀히 하는 학교는 없다. 이미 명문대학에 입학한 학생들은 뛰어난 글 솜씨를 갖추고 있음에도 대학에서 필수 교육과정으로 글쓰기를 한다는 것은 그만큼 중요하다는 의미일 것이다. 그렇지만 우리나라 부모님들은 아직 독서와 글쓰기, 말하기, 듣기의 중요성에 대해서 조금 느슨한 느낌이 있다. 이 책을 읽는 부모들은 아이에게 어떤 교육이 먼저인지 이제는 알았으리라 믿는다.

나는 어렸을 때부터 글쓰기를 좋아했다. 인형을 가지고 놀거나 방바닥에 배를 대고 엎드려 10칸 국어노트에 교과서를 베껴 썼다. 그것이 나의 놀이였다. 어릴 때의 기억이지만 책을 따라서 쓰면 마음이 편하고, 시간이 빨리 갔다. 아마 재미있었던 모양이다. 성인이 되어서도 책을 그대로 따라 쓰는 필사를 좋아한다. 성경책을 필사하고, 글귀가 좋은 책들을 필사하고, 둘째 아이 태교로도 한글과 영어로 성경을 필사했다. 글쓰기를 어려워하는 부모나 아이들에게 필사하는 것을 추천한다. 다른 사람의 글을 읽는 것도 좋지만, 다른 사람이 쓴 글을 내가 똑같이 따라 쓰는 것은 글쓰기의 장벽을 낮추고, 필사를 통해 글 속에 숨어 있는 깊은 의미를 발견하게 된다. 필사는 초등학교 저학년은 권장하지 않고, 초등 고학년 이상 중고등학생에게는 더없이 좋은 언어 능력을 키우는 과정이 될 것이다.

글쓰기나 말하기를 잘하지 못하면 AI 시대에서는 더욱 살아남기 어렵다. 세계적인 사업가, 정치가, 과학자, 작가들은 모두 말과 글로 자기의 생각을 표현한다. 어릴 때부터 읽기, 쓰기, 말하기, 듣기를 잘할 수 있도록 가르치는 것은 부모의 몫이다. 우리 아이에게 가장 좋은 스승은 부모다. 특히 엄마다. 우리 아이가 미래를 잘 살 수 있도록 아이의 역량을 키워주는 것도 부모의 몫이다. 책을 즐겨 읽는 아이로 만드는 엄마가 최고의 엄마다. 그 아이는 미래를 살아갈 수 있는 총알을 장전한 군인이나 마찬가지다. 이제는 더 이상 아이의 독서 교육을 나중으로 미루지 말자. 가장 먼저 이루어져야 할 교육이 독서 습관과 글쓰기라는 것을 기억하자. 책을 잘 읽는 아이로 만드는 엄마의 독서코칭 기술 여덟 번째인 글쓰기부터 강요하지 말자를 되새기며, 충분히 책을 읽힌 후에 천천히 조금씩 글쓰기를 늘려나가자! 현명한 부모 밑에서 똑똑한 자녀가 나온다.

에필로그

책 읽기로 단단히 다져진 우리 아이, 결국 잘될 것이다

이 책은 독서의 전문적인 부분을 다룬 책이 아니다. 15년 터울의 자녀 둘을 양육한 나는 그 누구보다 긴 시간 동안 아이들을 교육했다. 공교육과 사교육 사이, 갈등하고 고민하며 많은 시행착오를 겪으면서 아이들을 키웠고 키우고 있다. 시대의 많은 변화를 마주하면서 아이들 교육에 있어 가장 기본이 되고, 가장 중요한 것은 책을 읽는 습관을 만들어주는 것이라고 생각한다. 그런 생각으로 엄마인 나부터 열심히 책을 읽으며 공부했고, 아이들도 다른 공부보다 책 읽히는 일을 가장 우선시했다. 그리고 지금은 많은 아이들이 책을 읽는 것의 소중함과 즐거움, 유익함을 느낄 수 있도록 독서교육을 하고 있다. 엄마이면서 독서교육자로서 앞으로 더 많은 엄마들이 자신의 아이를 '책을 잘 읽는 아이'로 키웠으면 하는 바람으로 한 줄 한 줄 써내려갔다.

큰아이가 초등학교를 다닐 때인 2000년대, 작은아이가 초등학교를 다니는 2020년 현재, 그동안 공교육의 개정도 있었고, 교과서 개편도 여러 번 있었다. 수학능력시험 제도도 해마다 바뀌었고, 취업 조건과 선호도에도 많은 변화와 변동이 있었다. 급기야 이제는 큰아이 키울 때는 들어보지도 못했던 AI, 인공지능 로봇, 빅데이터, 다양한 디지털기기와 기술 등 많은 부분이 바뀐 시대가 되었다. 변화의 속도는 더욱 빨라지고 있다. 눈만 뜨면 새로운 기술과 정책들이 쏟아져 나오고 있다. 내년인 2021년에는 또 어떤 모습으로 세상이 바뀌어 있을지 이제는 예측이 불가능하다.

이런 변화의 흐름에 발 맞춰 살아가기 위해, 많은 CEO들과 인지도 있고 영향력 있는 사람들도 끊임없이 공부한다고 한다. 이들이 말하는 공부는 기술공부와 지식공부 두 가지로 나눌 수 있다. 손재주나 기술에 재능이 있는 사람들은 새로운 제품과 사물을 만들기 위해 연구하고 공부해야 한다. 그렇지 않은 사람들은 지식공부를 해야 한다. 그래야만 살아갈 수 있는 세상이다. 5년, 아니 적어도 1년 앞을 내다보고 공부해야 한다. 지식공부는 읽고, 듣고, 생각하고, 쓰면서 새로운 개념과 정보들을 내 것으로 만들어 '나다운 일'을 창조해낼 수 있어야 한다. 지식공부에서 가장 기본은 다양한 책을 읽는 일이다. 공부하지 않으면, 책을 읽지 않으면 발전하고 성장할 수 없다. 그러니 책 읽기가 중요하지 않겠는가?

나는 이 책의 지면을 빌어 아이들이 어릴 때일수록 부모가 책 읽는 습관을 만들어줘야 한다고 강조했다. 아니, 조금 더 성장한 중고등학생이라도, 어른이 된 부모나 교사들도 지금부터 책 읽기를 최우선으로 두라고 말하고 싶다. 오랜 시간 자녀를 양육해온 나는 거의 20년간 자녀를 교육시키며 가장 중요한 것이 무엇일까 생각, 또 생각했다. 그리고 내린 결론은 책을 잘 읽도록 교육하는 것이야말로 최고의 교육이라는 것이다. 아이에게 '물고기를 잡아주는 것이 아니라 물고기 잡는 법을 알려주고 싶다'고 생각한다면 책 읽기를 잘 지도하고, 가르치는 것이 그 길이다. 그러려면 엄마가 먼저 깨닫고, 엄마가 배워서 해주는 교육, 그것이야말로 참교육인 것 같다. 책 읽는 습관을 들이기까지는 그렇게 많은 시간이 걸리지 않는다. 빠르면 3개월, 혹은 6개월, 정말 길어야 1년이다. 3개월, 6개월, 1년이라는 시간 동안 꾸준히, 일정하게 이 책에 나와 있는 방법 중 세 가지만 잘 기억해서 적용해도 아이는 책을 잘 읽는 아이가 될 것이라 확신한다. 그렇게 습관을 들인 아이는 책 읽는 습관이 쉽게 없어지지 않는다. 나는 내 아이, 다른 아이 할 것 없이 대한민국 아이들 모두가 내 아이라는 마음으로 이 책을 썼다. 부디 이 책을 읽은 독자 여러분의 자녀가 책을 즐겨 읽고, 더 다양하고 넓은 세상을 마음껏 누리며 살기를 바란다. 아이들이 우리 부모 세대가 예측하지 못하는 미래도 잘 준비해서 자신도 행복하고, 더불어 다른 사람도 행복한 세상을 만드는 어른으로 자라주기를 간절히 기도한다.

내 생각을 함께 나누게 된 독자 여러분께 진심으로 감사드린다. 존

AI 시대 초등 공부, 책 읽기가 전부다

경받는 부모, 보람된 교사, 행복한 아이로 가득 찬 세상이 되기를 소망하며 글을 마친다.

끝으로 책을 쓸 수 있는 시간과 환경, 그리고 지혜를 주신 하나님께 감사드리며 엄마가 책을 쓰는 동안 앞에서 늘 책을 읽고, 오타도 찾아준 아들, 엄마의 책 쓰기를 진심으로 응원해준 딸과 사위, 나이 먹은 딸을 위해 늘 기도하시는 친정 부모님께 감사드립니다.

감사합니다. 사랑합니다. 그리고 축복합니다.

권연희

본 책의 내용에 대해 의견이나 질문이 있으면
전화 (02)333-3577, 이메일 dodreamedia@naver.com을 이용해주십시오.
의견을 적극 수렴하겠습니다.

AI 시대 초등 공부, 책 읽기가 전부다

제1판 1쇄 | 2020년 10월 21일

지은이 | 권연희
펴낸이 | 손희식
펴낸곳 | 한국경제신문*i*
기획제작 | (주)두드림미디어
책임편집 | 우민정

주소 | 서울특별시 중구 청파로 463
기획출판팀 | 02-333-3577
영업마케팅팀 | 02-3604-595, 583 FAX | 02-3604-599
E-mail | dodreamedia@naver.com
등록 | 제 2-315(1967. 5. 15)

ISBN 978-89-475-4649-2 (03190)